세월호 참사, 자본주의와 국가를 묻다

마르크스주의적 관점

국립중앙도서관 출판예정도서목록(CIP)

세월호 참사, 자본주의와 국가를 묻다 : 마르크스주의적 관점 / 지은이: 김승주. -- 서울 : 책갈피, 2018
p. ; cm

권말부록: 더 읽을거리
참고문헌 수록
ISBN 978-89-7966-135-4 03300 : ₩9000

사회 비평[社會批評]

304-KDC6
300.2-DDC23 CIP2018012179

세월호 참사, 자본주의와 국가를 묻다

마르크스주의적 관점

김승주 쓰고 엮음

책갈피

세월호 참사, 자본주의와 국가를 묻다
마르크스주의적 관점

지은이 | 김승주
펴낸곳 | 도서출판 책갈피
펴낸이 | 김태훈

등록 | 1992년 2월 14일(제2014-000019호)
주소 | 서울 성동구 무학봉15길 12 2층
전화 | 02) 2265-6354
팩스 | 02) 2265-6395
이메일 | bookmarx@naver.com
페이스북 | fb.com/chaekgalpi
홈페이지 | chaekgalpi.com

첫 번째 찍은 날 2018년 5월 1일

값 9,000원
ISBN 978-89-7966-135-4 03300

잘못된 책은 바꿔 드립니다.

이 책을 5명의 미수습자를 포함한

세월호 참사 희생자 304명에게 바칩니다.

일러두기

1. 인명과 지명 등의 외래어는 최대한 외래어 표기법에 맞춰 표기했다.

2. 《 》 부호는 책, 잡지, 시집을 나타내고 〈 〉 부호는 신문, 주간지, 인터넷 언론, 텔레비전 프로그램, 노래를 나타낸다. 논문과 보고서는 " "로 나타냈다.

3. 인용문에서 [ ]는 지은이가 독자의 이해를 돕거나 문맥을 매끄럽게 하려고 덧붙인 것이다.

4. 본문의 각주는 지은이가 넣은 것이다.

차례

3부 '세월호 적폐' 청산, 어디까지 왔나

차례

머리말

박근혜 정권 퇴진 촛불 운동이 한창이던 2017년 1월 7일. 세월호 참사 1000일을 앞두고 열린 11차 범국민행동의 날이었다. 세월호 유가족 합창단이 무대에 올라 〈네버 엔딩 스토리〉를 불렀다. "그리워하면 언젠간 만나게 되는, 어느 영화와 같은 일들이 이뤄져 가기를 …" 가사를 들으며 많이 울었다. 하지만 2학년 8반 고故 박희찬 군의 아버지는 노래를 끝내고 밝은 표정으로 말씀하셨다.

이 광장에 촛불을 들고 힘을 보여 준 국민들이 연인원 1000만 명이 넘었다고 합니다. 그 힘으로 민심도 바꾸고 정치도 바꾸고 탄핵 [가결]도 이뤄 낸 것 아닙니까? 이것이 우리가 함께 이룬 기적이 아니고 무엇이겠습니까? 기적이라는 것은 우연히 일어나는 것보다 우리 국민이 합쳐 함께 이룰 때 최고의 기적을 만들 수 있다고 봅니다. 알량한 저들은 국민에게 고통과 참사를 줬지만 우리 위대한 국민들은 힘을 모아 2017년에도 큰 기적을 만들어 갈 것입니다.

박근혜 퇴진 운동 다섯 달 동안 매일이 가슴 벅찬 날들이었지만, 그날 유가족의 표정과 목소리는 유독 기억에 남는다. 가슴을 치고 울분을 터뜨리고 절규했던 유가족들의 얼굴에 비로소 미소와 고마움, 낙관과 자신감이 떠올랐던 그때를 생각하면 지금도 가슴에 울림이 인다.

참사 4주기인 오늘, 우리는 박근혜 파면과 구속, 선체 인양과 박근혜 '7시간'의 실체 규명까지 다다랐다. 참사 해결의 길은 멀고도 멀지만, 그럼에도 값진 진전들이다.

세월호 참사에 관해서는 이미 많은 책과 논문이 나와 있다. 세월호 참사의 진상에 관한 것이나 대형 참사의 사례들을 다룬 게 가장 많다. 나는 기존 책들에서 찾아보기 힘든 두 가지를 이 책에서 다뤘다.

첫째, 이 책은 세월호 참사를 자본주의 체제와 연관 짓고, 역사상 가장 강력한 자본주의 비판 사상인 마르크스주의로 이를 분석한다.

많은 언론과 논문은 대형 참사를 자본가 개인의 탐욕, 신자유주의 정책의 결과물, 한국의 특수한 후진성으로 설명한다. 마르크스주의는 그보다 한 걸음 나아간 분석을 제공할 수 있다. 예컨대 이 책은 다음과 같은 질문에 답하고 있다. 자본가의 탐욕은 인간 본성에서 비롯한 것인가, 자본주의 체제에서 비롯한 것인가? 인간 본성이 문제라면 대형 참사의 대안은 있는가? 신자유주의가 참사를 낳았다면, 그 신자유주의를 낳은 것은 무엇인가? 대형 참사가 후진 자본주의의 산물이라면 왜 선진국인 미국, 독일, 영국, 일본 등에서도 참사가 계속되는가?

젊은 세대에게 마르크스주의는 경제학으로 잘 알려져 있다. 그러나 마르크스와 엥겔스는 경제학만이 아니라 자본주의에서 국가가 갖는 성격에 대해 매우 탁월한 통찰을 보여 줬다. 이 책은 세월호 참사에서 국가가 보인 황당한 무능과 관료주의가 단지 우연이나 음모가 아니라 자본주의 국가의 근본적인 계급적 성격에서 비롯한 것이라고 설명한다. 이런 설명은 대형 참사가 터질 때마다 국가가 평범한 사람들의 생명을 살리는 데는 대체로 무능한 반면 유가족을 감시하고 항의 운동을 탄압할 때는 누구보다 유능한 이유를 일관되게 분석할 수 있다.

한편, 세월호 화물칸에 실려 있었던 제주 해군기지행 철근 수백 톤은 세월호 참사가 더 큰 위험을 불러올 친제국주의 정책과 연관 있다는 사실을 보여 준다. 세월호는 제주 해군기지 공사 기한에 맞춰 무리하게 출항을 강행했고, 국정원 실소유주의혹은 이와 결코 무관하지 않을 것이다.

둘째, 이 책은 지난 4년간의 세월호 참사 항의 '운동'을 돌아보고 있다. 나를 비롯해 이 책을 쓰는 데 큰 도움을 준 〈노동자 연대〉 기자들은 세월호 운동에 꾸준히 동참해 온 일부로서, 운동이 나아가야 할 방향에 대해 꾸준히 의견을 내놓았다. 이 책은 중요한 국면마다 수차례 개정·증보해 온 소책자를 다듬고 문재인 정부 1년 동안 추가된 내용들을 새로이 보완해 내놓은 것이다.

경찰에 가로막힌 세월호 유가족들이 울분이 이끄는 대로 청와대를 향해 행진한 그날부터, 특별법 제정 운동, '쓰레기' 시행령 폐기 운동, 1기 특조위의 건설과 박근혜의 계속되는 방해, 그리고 이내 터져 나온 박근혜 퇴진 촛불 운동과 문재인의 집권까지. 이 책은 그 과정에서 박근혜 등 구 적폐 세력이 벌인 악행만이 아니라 민주당이 한 구실에 대해서도 좌파적 관점에서 비판하고 있다.

이 책을 발행하기까지 많은 분들의 도움이 있었다. 특히 나와 자주 토론해 준 〈노동자 연대〉 김문성 기자, 김지윤 기자, 노동자연대 최영준 운영위원(4·16연대 상임운영위원)에게 정말 감사하다. 이분들이 없었더라면 이 책은 존재할 수 없었을 것이고, 그 토론 과정에서 성장한 지금의 나도 없었을 것이다. 이들이 〈노동자 연대〉에 기고해 온 세월호 참사 관련 기사들은 이 책의 뼈대가 됐고, 문재인 집권 1년간을 돌아보는 3부에는 이분들의 글을 그대로 실은 부분도 있다. 또, 바쁜 시간을 쪼개 꼼꼼하게 교정을 봐 주신 차승일, 조승희 씨에게도 깊은 감사를 전한다.

그럼에도 이 책에 부족한 점이 있다면 그것은 온전히 내 경험과 능력이 부족한 탓이다.

이 책이 지난 4년의 진정한 교훈을 기억하고 실천해 나가려 하는 사람들에게 부디 도움이 되길 바란다.

2018년 4월 16일

김승주

1부

그날을 돌아보다

2014년 4월 16일,
바다 위에 남은 건 참혹함뿐

"부우웅."

4월 15일 밤 9시, 세월호가 육중한 선체를 부두에서 떼어 내며 뱃고동 소리를 뱉었다. 교복 차림의 단원고 학생들이 환호성을 질렀다. 안개 때문에 수학여행 출발을 2시간 30분이나 기다린 참이었다. 안개를 본 선원들이 겁을 먹을 정도였지만 청해진해운 물류팀은 출항을 밀어붙였다. 이날 따라 화물 운임 수입이 1000만 원이나 높았기 때문이다.

배에는 단원고 학생뿐 아니라 초등학교 동창생과 환갑 기념 관광을 가는 노인, 새로운 터전을 찾아 이사하는 가족과 6살짜리 아이, 2박 3일간 세월호 식당에서 일하고 11만 7000원을 받기로 한 대학생 아르바이트생 등 총 480여 명이 함께 올라

학생들에게 친구처럼 친근했던 김초원 선생님은 4월 16일이 생일이었다.
ⓒ제공 4·16 가족협의회

타 있었다.

밤 10시, 5층 옥상 갑판에 오른 승객들은 크루즈 여행의 하이라이트인 불꽃놀이를 감상했다. 학생들은 사진을 찍어 부모님께 보냈고, 자정 무렵엔 4월 16일이 생일인 김초원 선생님을 위해 깜짝 생일파티를 열었다.

4월 16일 아침 8시 46분. 구름이 조금 낀 날씨였지만 바다는 호수처럼 잔잔했다. 갑판에서 승객들은 섬을 배경 삼아 기념사진을 찍었다. 학생들은 이곳저곳에서 수다를 떨고 게임을 하거나 꿀맛 같은 아침잠을 한숨 더 청했다. 배는 다소 조류가 센 해역을 지나고 있었지만 문제는 없었다.

맹골수도를 막 빠져나올 때쯤 조타수 조준기가 예정 항로로 진입하고자 선수를 오른쪽으로 살짝 돌렸다. "어어, 안 돼. 안 돼." 각도가 멈추지 않고 계속 오른쪽으로 돌아갔다. "아, 조타기가 안 돼요."

조준기의 말이 끝나기 무섭게 뱃머리가 오른쪽으로 빠르게 돌았다. 8시 49분 13초, 배가 원심력에 의해 좌현으로 20도 기울어졌다. 동시에 배 아래쪽에서는 컨테이너, 승용차, 철근 등의 화물이 쏟아지고 넘어가 '우당탕' 소리가 들렸다.

8시 49분 44초, 배가 한 번 더 크게 기울었다. 이번에는 사람들이 굴러떨어지고 난간에 부딪혀 피가 났다. 온수통의 물이 쏟아져 화상을 입기도 했다.

"힐링[탱크]* 조작 버튼을 눌렀어요?"

2등 항해사 김영호가 다급하게 말했다. 세월호는 석 달 전과 다섯 달 전에도 파도에 부딪히거나 바람에 휩쓸려 좌현으로 기운 적이 있었다. 아찔한 순간이었지만 그래도 그때는 평형수를 조정해 가까스로 배를 바로 세웠다. 그런데 이번엔 달랐다. 조작 버튼을 눌렀지만 작동하질 않았다.

---

* 선박 아랫부분에는 '평형수'(선박이 무게중심을 잡도록 주입하는 바닷물) 탱크가 있다. 여러 개의 평형수 탱크들 중 배의 좌우 균형을 맞춰 주는 것이 '힐링탱크'다.

아수라장이 된 선내에 8시 52분경부터 방송이 나왔다. "가만히 대기하십시오." 같은 내용이 1~10분 간격으로 계속 반복됐다. 서로 목마를 태워 한 사람씩 통로에 올려 보내던 사람들이 하던 행동을 멈추고 대기했다.

사고 직후 고故 박수현 학생이 남긴 동영상에는 단원고 학생들의 모습이 담겨 있다.

"아 기울어졌어."

"말도 안 돼."

"내리고 싶어, 진심이야."

"웃을 상황이 아냐! 실제라고!"

"으아 죽기 싫어."

"아직 못 본 애니가 많다고."

"동혁아, 녹음해." [고故 김동혁 학생에게 카메라를 향한다.]

"아, 살 수만 있으면. 엄마 아빠 사랑해. … 내 동생 어떡하지. 내 동생만은 절대로 수학여행 가지 말라고 해."

[복도에서 아기 소리가 들린다.]

"애기까지 있어. 미치겠어."

"선생님은 괜찮은 건가?"

"카톡 왔어. 애들 괜찮냐고."

"선생님은 괜찮냐고 여쭤 봐."

학생들은 친구들과 농담을 하며 서로 두려움을 달래고, 속으론 공포감과 싸우고 있었다. 그러면서도 사태를 파악하려 애쓰고, 구명조끼를 친구에게 전달하며, 복도의 아기와 어디 계신지 모르는 선생님의 안부를 걱정했다.

선미 쪽 다른 곳에서는 나무 캐비닛을 사다리 삼아 출입구로 올라가려던 학생을 다른 친구들이 말렸다. "기다리라잖아. 내려와서 기다리자." '가만히 있으라'는 방송이 반복되자 한 여학생이 울음을 터트렸다. "가만히 있는데 왜 자꾸 가만히 있으라고 그래!"

학생들은 마지막일지도 모르는 문자메시지를 가족들에게 보내고 있었다. "엄마, 말 못 할까 봐 보내 놓는다. 사랑한다." "지금 배가 기울어져 있어. 거짓말 아니고 죽을지도 몰라. 네[동생] 옷 다 챙겨 와서 미안해."

사고 시점으로부터 45분이 지난 9시 34분. 해경 경비정 123정이 도착했다. 7000톤급 배가 침몰했는데 현장지휘함osc으로 지정된 배가 이 100톤급 소형 경비정이었다. 123정에는 대원 10명과 의경 3명이 타고 있었다.

세월호와 가까워질수록 갑판에 서 있던 박상욱 경장은 점점 당황했다. 배는 예상보다 훨씬 컸고 금방이라도 침몰할 것만 같았다. "그런 광경은 처음"이었다. 사고 현장에 도착하고도 아무런 지시를 받지 못한 의경 박○○이 123정 내 취사실에서 설거지를 하고 있었을 지경이었다.

123정이 맨 먼저 구조한 것은 선장과 선원 5명이었다. 탈출 방송은 끝내 없었고 여객부 직원 박지영 씨(사망)는 이미 배를 떠나 버린 선장에게 끊임없이 무전을 했고, 강혜성은 기울어진 바닥에 누운 채 대기하라는 안내 방송을 되풀이했다.

123정은 현장에 도착한 9시 34분부터 세월호가 침몰할 때까지 단 9분 동안만 세월호에 접안했다. 4분간 선장과 선원을 데리고 나왔고 5분간 승객 6명을 구조했다. 나머지 시간에는 100미터 이상 떨어져 구명보트와 어선을 타고 나오는 사람들만 태웠다.

해경 본청 상황실의 지시는 다음과 같았다. "여객선 자체에 부력이 있으므로 승객들이 바다로 뛰어내리기보다는 함정에서 차분히 구조할 것."

10시가 되자 쏴아 하는 소리와 함께 바닷물이 3층 난간을 넘어 들어 소름 끼치는 속도로 차올랐다. 배의 하단에서 높이 10미터가 넘는 물기둥이 솟구쳤다. 평형수가 덜 채워진 탱크 등에서 수압으로 공기가 터져 나온 것이었다.

침몰의 공포에 떨면서도 쩔쩔매던 승객들은 이제 죽기 살기로 물에 뛰어들었다. 발을 동동 구르던 단원고 선생님들도 이 시점이 되자 학생들을 하나라도 더 탈출시키려 급하게 돌아다녔다.

유니나 선생님은 누군가 "3층에도 애들이 있어요" 하고 말하는 소리를 듣고 구명조끼도 없이 3층으로 내려갔다. 전수영 선생님은 어머니와 통화하면서 "아이들에게 구명조끼 입혀야 해" 하고 말하고는 다시 선내로 들어갔다. 얼른 나가라는 다른 승객들의 말에 "애들 한 명이라도 더 내보내고 나가겠다"며 복도로 되돌아간 박육근 선생님도 있었다.

이들은 모두 세월호 밖으로 다시 나오지 못했다.

10시 15분경, 123정 정장 김경일이 상부에 보고했다. "저희 경찰 다 나왔습니다. 현재 90도입니다." 배가 완전 전복하기도 전에 "구조 철수"를 결정한 것이다.

그러나 어선들은 마지막까지 남아 우현 난간으로 쏟아져 나온 사람들을 끌어올렸다. 전남201호 고속보트는 세월호 외벽에 올라타다시피 배를 댔다. 123정이 "어선들, 철수하라고!" 하며 고함을 쳤지만 어선들은 세월호에 "그냥 무조건 들이대고" 승객들을 "끄잡아냈"다. "이런 염병, 해경이 다 뭔 소용이여. 눈앞에서 사람이 가라앉는디. 일단 막 갖다 대서 살리고 보는 게 맞제. 해경 지시 들었다가는 갸들 다 죽었어. 안 그렇소?"(20명의 승객을 구해 낸 태선호 선장 김준석 씨).

10시 21분, 어선이 던져 준 홋줄로 탈출한 마지막 생존자가 보트로 끌어올려졌다.

2014년 4월 16일 10시 30분. 304명의 산목숨들을 끌어안은 채, 세월호는 완전히 침몰했다.

잠수가 가능한 서해지방청 해경 특공대가 현장에 최초 도착한 시각은 11시 28분이었다. 하지만 그 시각 바다 위로는 조금 거세진 조류와 가슴 찢어지는 참혹함만이 남아 감돌고 있었다.

앞서 살펴봤듯이, 5도 내외로 방향을 조절하면서 "극히 정상적으로 운항"하던* 세월호는 사고 지점에서 갑자기 오른쪽으로 획 돌았다. 이러한 급선회 직후에 세월호는 15~20도가량 기운 것으로 추정된다.** 이 시점에 상당한 화물들이 이동하고 쏠렸다.***

〈뉴스타파〉가 입수해 발표한 블랙박스 영상 분석 결과에 따르면, 갑판에 2단으로 쌓여 있던 컨테이너와 그 사이 대충 고박돼 있던 철근들이 옆으로 미끄러지며 바다로 추락했고, 짐이

---

* 4·16세월호참사 특별조사위원회, 중간점검보고서 및 'AIS 데이터 시뮬레이션 및 선박운항 특성연구 용역' 보고서.

** 세월호가 급격한 우회전만으로 20도까지 기운 것에는 선체의 비정상적인 구조도 한 요인이었다. 해양수산부의 고시 기준에 따르면 배가 최대로 회전했을 때 기우는 정도(횡경사)가 10도 미만이어야 한다. 그러나 세월호는 선회 시 횡경사가 20.5도로, 기준을 두 배 이상 초과한 상태였다. 이후 화물 쏠림으로 인해 세월호가 버틸 수 있는 20.5도마저 초과했다.

*** 한국해양과학기술원 부설 선박해양플랜트연구소(KRISO), 세월호 침몰 사고 원인분석(선박 조종 및 침수, 침몰 시뮬레이션)(2014.10.) 보고서는 마찰계수를 0.2~0.4로 잡아 계산했을 때, 컨테이너와 일반 화물 등이 경사각 11~21도에서 미끄러진 것으로 추정했다.

많이 실려 무게중심이 높은 트럭 등도 미끄러졌다. 화물이 한 쪽으로 쏠리자 배가 2차로 30도까지 기울면서 걷잡을 수 없는 전복이 시작됐다.*

세월호의 급속한 침몰을 야기한 또 하나의 요인은 침수, 즉 배 안으로 물이 들어온 것이었다. 배가 기울수록 물은 점점 더 많이 들어왔고, 물이 들어올수록 배는 더 빨리 기울었다. 결국 세월호는 기울어지기 시작한 지 101분 만에 가라앉았다. 10시 10분부터는 단 7분 만에 30도 더 기울어 10시 17분에는 완전히 뒤집혔다.

세월호 1등 항해서 강원식은 4월 15일 출항하기 위해 선미 램프를** 닫았을 때 램프 아래쪽에 빛이 들어왔다고 밝혔다.*** 쉽

---

* 세월호 특조위는 전문가 의뢰 연구 조사와 검증을 통해 다음과 같은 사실을 종합적으로 확인했다. "갑판별 차량 및 적재화물의 중량과 배치, 사고 당시의 탱크별 평형수, 청수 및 연료유 등을 고려해 사고 당시의 선수, 선미의 흘수(물에 잠긴 정도)를 파악했으며 GoM(무게중심의 높이와 화물의 이동을 고려한 복원성 지표) 0.475m를 추정하였다. 그 결과 본 연구에서 추정한 GoM 0.475m에서 타가 전타한 뒤 중심으로 돌아오고 화물도 이동하는 경우 사고 시의 AIS 항적과 잘 일치하였으며 횡경사각은 약 33도 정도로 수렴하여 사고 시의 횡경사 각도와 대체로 일치하였다."(4·16세월호참사 특별조사위원회, 중간점검보고서, 5-나)

** 화물을 신는 여객선(카페리 또는 로로선)에 설치된 차량·화물 진입로.

*** 카페리의 경우, 램프 주변 공간으로 물이 들어올 위험이 크기 때문에 주의해야 하지만, 한국선급은 세월호를 허가해 줄 때 선미 램프 살수 시험을 제

게 말해 '문이 꽉 닫힌 상태'가 아니었다는 뜻이다. "수리가 안 되고 고무마개가 오래돼서 그런 것"이었다. 하지만 배는 그냥 출항했다.

그렇다면 침몰의 시작인 급격한 우회전의 원인은 무엇이었을까?

세월호 선원들의 재판에서 검찰은 조타수의 실수를 급선회의 원인으로 지목했다. 하지만 법원은 이를 받아들이지 않았다. 그 대신 2심에서 증인으로 나온 기관장 경력 30년의 정대진 씨의 주장에 일리가 있다고 인정했다. 정대진 씨는 조타기의 고장 가능성을 제기했다. 15~20년 이상 된 노후선의 경우, 조타기 밸브 안에 기름 찌꺼기가 끼고 고착되면, 타를 아무리 돌려도 소용이 없다는 것이다.*

대로 하지 않았다.

* "조타실에서 타를 돌린다는 것은 여기에 있는 솔레노이드 밸브에 전기적 신호를 주는 것입니다. 솔레노이드 밸브 안에 스풀(밸브 안에서 좌우로 움직이는 장치)이라고 양쪽으로 움직이는 것이 있습니다. 스풀이 좌우로 움직여서 좌현, 우현 방향을 정해 줍니다. 그런데 이 부분에 오일이 계속 출입을 하기 때문에 슬러지(찌꺼기)가 조금씩 부착되어 가지고 오랫동안 노후선, 특히 15년 이상 20년이 되면 어느 날 자꾸 그것이 누적되어 가지고 안 움직이게 될 수 있습니다. 여기 보면 아주 작은 전류로 움직여요. 그러기 때문에 여기에 슬러지가 끼면 한쪽 방향으로 고착이 되어 버려 가지고 타를 아무리 돌려도 소용이 없습니다. 그러니까 계속 타는 돌아가는 것이지요." (선원 사건, 2심, 4회 공판조서)(2015.3.24)

법원은 사고 당시 조타기가 정상으로 작동했더라도 엔진에 이상이 있었을 가능성도 제기했다.* 그러고는 "기기 결함 가능성을** 포함한 다양한 원인을 파악하기 위해 선체를 인양한 뒤 조사할 필요가 있다"고 덧붙였다.

2017년 3월 박근혜가 파면되자 세월호가 인양됐다. 남은 미수습자 다섯 명을 끝까지 수습할 수 있도록 만전을 기할 뿐 아니라, 조타기와 엔진, 화물칸 등 선체를 정밀 조사해야 한다.

---

* 세월호는 프로펠러가 2개이고 타가 하나인 이른바 '2축 1타선'인데, 이 경우 엔진 문제로 좌현 쪽 프로펠러만 작동하고 우현 쪽 프로펠러는 작동하지 않는 현상이 발생했다면, 좌우 추진력 차이로 세월호가 급격하게 우선회할 수도 있다는 것이다.

** 실제로 청해진해운 선원들과 직원들은 세월호의 장비 고장과 수리 부족에 대해 불만을 수차례 토로해 왔다. 그때마다 회사에서는 "운항에 특별히 지장이 없는 한 수리비를 줄여라. 경비 절감 차원에서 불가피하다"고만 답했다.

제주 해군기지 물량 노리고 급히 들여온 배

인양된 세월호에서는 철근 360여 톤이 쏟아져 나왔다. 이미 2016년 6월 27일 세월호 참사 특별조사위원회도 참사 당일 세월호에 제주 해군기지 건설용 철근 400여 톤이 실렸다는 내용을 공식 확인했다. 해군은 그 전까지 인천항에서 출발해 제주 해군기지로 들어간 철근의 조달 경로를 숨겼었다.

청해진해운의 한 관계자는 "참사 당일 실린 것들은 100퍼센트 해군기지로 가는 것"이었다고 밝혔다(《미디어오늘》, 2016년 6월 16일 자). 이 철근이 세월호에 실린 화물 중 가장 많은 비중을 차지하는 것이었다.

게다가 이 철근 수백 톤은 규정을 어긴 채 대충 고박됐다. "고박 규정을 다 지키면 적재 공간이 적게 나오기 때문"이다. 애초에 트위스트락, 브리지피팅, 라싱바, 턴버클 등 필요한 고박

장치들은 없거나 고장이 나 있었고, 2단으로 쌓인 컨테이너들은 그저 로프를 컨테이너 모서리 구멍으로 통과시켜 묶었다. 철근과 H빔은 철제 체인 몇 가닥으로 둘러 바닥에 연결하는 게 전부였다. 청해진해운은 고박면허도 없는 우련통운에 고박을 맡겼다.

화물을 과적하니 그만큼 평형수를 빼야 했다. 세월호는 증개축을 한 뒤 복원성이 심각하게 나빠져서, 실을 수 있는 화물량은 절반으로 줄고, 넣어야 하는 평형수는 네 배로 늘어 버렸다. 다르게 말해, 화물을 전혀 싣지 않은 상태에서도 평형수 탱크 12개 중 9개를 완전히 채워야 했다.* 그런데 참사 당일 세월호는 **화물은 최대 적재량의 2배 이상, 평형수는 최소 필요량의 절반 이하를 실었다!**

세월호 특조위는 9월 1일, 한발 더 나아가 세월호 자체가 애초부터 제주 해군기지 물동량을 노리고 청해진해운이 들여온 배일 가능성을 제기했다.**

청해진해운의 영업 실적 자료를 분석해 보면, 2010년부터 청

---

* 선원들은 출항할 때 운항 허가를 받기 위해 평형수를 뺐다가, 출항 이후 평형수를 조금 더 채워 재화중량과 만재흘수선을 넘긴 채 운항하기도 했다.

** 세월호 특조위 제3차 청문회 '세월호 철근 등 화물 과정이 복원성에 미친 영향'에서 주요 신문 및 증언·진술 내용(진상 규명 소위원회 보도자료, 2016.9.1).

해진해운은 제주 해군기지 건설 등으로 물동량이 증가할 것을 예상하며 대비하고 있었다. 그리고 같은 해 세월호 도입을 논의하고 결정했다. 알려져 있다시피 청해진해운은 인천-제주 항로를 독점하고 있었다.

이명박 정부는 2009년, 선박 사용연령 제한을 20년에서 30년으로 연장해 줬다. 덕분에 청해진해운은 일본에서 18년간 쓰던 낡은 배를 구입해 올 수 있었다. 오래된 중고 선박 가격은 새 여객선 가격의 10분의 1 정도였다.

제주 해군기지 건설이 본격화된 2012년, 제주항으로 들어오는 주요 건설자재 입항 화물량이 급격히 상승해 2013년에는 이전의 2배 가까이로 폭증했다. 청해진해운은 허위 계약서까지 꾸며 내 일본에서 사 온 배를 급하게 허가를 받았다. 이명박 정부가 구럼비 바위를 폭파하며 기지 건설에 박차를 가하던 시기였다. 특조위는 "그간 [청해진해운이] 세월호 도입 경위와 관련해 경쟁사의 노선 진입을 방어하기 위한 목적이었다고 주로 말했으나 제주도 건설 물량 증가 등의 수요에 대비하기 위한 목적도 컸을 것"이라고 분석했다.

이쯤 되면 정부가 과적을 방치한 수준이 아니라 지시했을 공산이 매우 크다. 세월호 참사가 발생한 이후 제주 해군기지 공사에 차질이 생긴 정황도 발견됐다. 더군다나 세월호가 국정원이 직접 보고받는 유일한 선박이었다는 점을 감안하면, 그 개연성은 더욱 커진다. 제주 해군기지는 한미 군사동맹의 주요 프로젝트이므로 이는 국정원과 청해진해운의 관계를 밝히는 실마리가 될 수도 있다.

한편 청해진해운은 세월호 증개축 과정에서 선수 우현에 있던 램프를 무작정 떼어 내면서, 선수 우현이 좌현보다 30톤 가벼워졌다. 이것은 참사 이전에도 배가 자주 왼쪽으로 기운 이유이기도 했다.

선원들은 세월호를 "대한민국에서 가장 위험한 배"라고 불렀다.

몇 차례의 사고 후 보고서가 사장과 임원진에게 올라갔다. "구조 변경으로 인해 선박 무게 중심이 이동하여 화물을 싣기가 어렵고 안전사고의 위험이 있다"는 내용이었다. 하지만 아무런 조치도 없었다. 불안감을 느낀 승무원 일부는 사표를 내고 회사를 떠났다.

평소 회사는 물류팀을 "엄청 쪼았"다. 대표이사 김한식은 회의 때마다 "물류팀이 잘해야 된다. 물류팀 때문에 우리가 다 산다"는 식으로 강조했다. 물류팀이 회사 매출의 70퍼센트 이상을 점유하고 있었기 때문이다. 물류팀 남호만은 직원들을 다그쳤다. "우리나라 카페리 중에서 규정대로 싣는 배가 어디에 있느냐? 규정대로 실으면 장사 하나도 안 된다." 화물 운임이 떨어지면 "너희는 화물을 이것밖에 못 싣느냐"고 "질책"했다. 남호만은 "새가슴이라 예약을 적게 받는다"고 다그치거나 "남는 공간 없이 꽉꽉 채워서 실으라"고 강요했다. 2014년 4월 15일 세월호에 실린 60톤짜리 중장비 2대는 하루 전날 오하마나호 선장 박진환이 "죽어도 더는 못 싣는다"고 버텨 부두에 버리고 출항한 화물이었다.

이런 배를 운항하던 청해진해운이 해양수산부에게 2011년 종합우수선사로 선정된 걸 보면 정말 경악스럽다. 2013년 2월 인천해경·항만청 등의 합동 특별점검에서 세월호는 구명정·소방훈련 등 비상훈련 실시 분야에서 황당하게도 '양호' 평가를 받았다. 심지어 교육청은 해운항만청으로부터 '해운업계의 어려운 사정을 도와 달라'는 요청을 받고는 단원고를 포함한 일선 학교에 협조 공문을 보냈다. 결국 학생들은 해운업계 경제 살리기에 나선 정부의 요청에 따라 세월호를 타고 수학여행을 가게 된 것이다.

청해진해운의 실제 소유주인 세모그룹은 1990년대부터 전두환 정권과 유착해 온갖 특혜를 누린 것으로 유명하다. 국가와의 부패한 유착 덕분에 참사 전까지 청해진해운은 인천-제주 운항을 20년 동안 독점해 왔다.

청해진해운은 2013년 한 해 동안 접대비로는 무려 6000만 원을 쓰면서도 안전 교육에는 겨우 54만 원을 지출했다. 연간 선원 1인당 불과 4600원이었다. 청해진해운이 2001년부터

2013년까지 접대비 명목으로 사용한 돈만 9억 4000만 원에 이른다. 비자금이 제외된 금액이 이 정도니 실제로는 더 클 것이다. 설과 추석 때는 인천해양경찰과 항만청, 한국선급 직원들을 위해 10만 원짜리 백화점 상품권을 800만~900만 원씩 준비했고, 매년 받는 선박 중간검사나 정기검사 때는 200만~300만 원씩 사용했다.

세월호는 이런 부패가 없었다면 애초에 탄생할 수가 없는 배였다.

상식적으로 수십억 원을 들여 배를 증축했는데 적재 화물은 절반 이하로 줄고 평형수만 4.6배 늘려야 하는 상황을 선사가 순순히 받아들일 리 없을 것이므로, 과적이 필연적으로 일어나리라는 사실은 누구나 알 수 있었다. 게다가 청해진해운은 선수 우현 카램프를* 제거하면서 그 자리에 컨테이너 24개를 추가로 적재할 공간을 만들었다. 그럼에도 한국선급, 인천항만청, 인천해경 모두 세월호를 문제없이 허가해 줬다.

박근혜는 마치 세월호 참사가 일부 해피아('해수부 마피아')만의 문제인 것처럼 몰아갔지만, 이런 부패의 카르텔이 가능했던 배경에는 안전 관리·구조를 법정 민간단체에 떠넘겨 온 정부 정책이 있다. 박근혜는 "경제 혁신 3개년 계획에 국토·해양·

---

* 차량(화물) 진입로.

환경 분야 부처의 규제 개혁이 중요하다"며 선박의 과적과 화물 결박 현장 점검을 문서 제출로 대체하게 했고, 선장의 선박 안전관리 보고와 내부 심사 의무를 없앴다.

정부는 그런 임무를 민간 업체에 떠넘겼다. 그 결과 내항여객선 안전 관리와 안전 교육은 해운사들의 모임인 해운조합이, 국내 화물선과 여객선 안전을 인증하는 일은 해운사들이 출자해서 만든 한국선급이 맡게 됐다. 검사를 받아야 할 당사자가 검사하는 말도 안 되는 상황이 벌어진 것이다. 퇴임한 정부 관료들과 선박회사 소유주들은 해운조합, 한국선급, 해양구조협회 등에서 돌아가며 높은 자리를 꿰찼다.

제주 해군기지는 무엇을 위한 것인가?

세월호 참사의 배경으로 제주 해군기지가 지목되고 있다. 박근혜 정부와 지배자들은 "안보"를 명분으로 해군기지 건설을 정당화해 왔다. 그러나 저들의 안보는 평범한 사람들의 안전을 의미하는 것이 아님이 세월호 참사로 드러났다.

제주 해군기지는 지역 주민의 삶을 철저히 짓밟으며 건설됐다. 지난 수년 동안 해군기지 건설에 반대해 온 지역 주민과 활동가들은 경찰서에 잡혀가고 벌금 폭탄 때문에 고통받았다. 경찰의 폭력도 계속됐다. 삶터를 빼앗긴 강정 주민들에게 해군은 공사 지연의 책임을 물어 34억 원이 넘는 구상권까지 청구했다. 후안무치는 이를 두고 하는 말일 것이다.

출처: 김지윤, 〈노동자 연대〉 190호(2016-12-16).

김대중 정부가 계획하고 노무현 정부가 건설을 결정한 제주 해군기지는, 미국의 동아시아 패권 전략과 맞물려 추진됐다. 박근혜는 대선 후보 시절 "제주도를 제2의 하와이로 만들자"며 해군기지 건설을 적극 찬성했다. 지배자들은 제주 해군기지가 "대양 강국"의 발판이라고 주장했는데, 제국주의 패권 정책을 도우며 군사적 입지를 다지려 하는 것이다.

미국은 중국을 견제하고 군사적 우위를 이용해 자본주의 이윤 경쟁에서도 유리한 위치를 유지하려 해 왔다. 미국은 해군력의 60퍼센트가량을 아시아·태평양 지역에 집중해 중국이 중국 남쪽 해양부터 서쪽으로 뻗어 나가는 것을 견제하는 "봉쇄전략"을 펴고 있다(한국도 이 계획의 일부다). 2011년 당시 미국 국방 장관 로버트 게이츠는 "앞으로 미군은 아시아에서 기항지를 늘리고 다수 국가와의 다국적 훈련도 확대할 것"이라고 말했다. 트럼프도 이 지역에서 미 해군 함정을 272척에서 350척으로 늘릴 것이라 밝히고 있다.

제주도는 입지 면에서 오키나와나 괌보다 중국·대만과 가까워서 대중국 견제에 좋은 조건을 갖추고 있다. 위키리크스의 폭로를 보면, 2007년 4월 주한미국대사관은 미국 국무부에 보낸 문서에서 제주 해군기지가 "동쪽으로는 일본으로 항해하고, 서쪽으로는 중국으로 항해하며, 남쪽으로는 대만으로 항해하고, 또한 동남아시아를 오가는 중요한 해상 교통로를 위한 이상적 위치에 놓여 있다"고 평가했다.

격화되는 미-중 갈등

한국 정부는 제주 해군기지가 미국의 이해관계와는 무관하다고 주장해 왔다. 그러나 2012년 김광진 의원은 해군기지 부두의 수심이 미국 핵잠수함 기준에 맞춘 것이라 폭로했다. 2009년 1월 해군본부가 발행한 "06-520 기본계획 및 조사용역 기본계획 보고서"를 보면 항만시설 소요기준에 "잠수함 부두의 전면수심은 발주처의 요청으로 12미터 적용"이라 명시돼 있다. 이는 미국 핵추진 잠수함에 맞춘 것이다. 장하나 의원도 "제주 해군기지가 핵추진항공모함을 전제로 설계됐고 주한미군해군사령부CNFK의 요구에 만족하는 수심으로 계획됐다"고 밝혀냈다.

노무현 정부 당시 합의한 전략적 유연성 개념에 따라, 미군은 제주 해군기지를 활동의 전초기지로 삼을 수 있다. 게다가 한미상호방위조약과 주한미군주둔군지위협정SOFA에 따라 미군은 필요에 따라 언제든 제주 해군기지를 이용할 수 있다. 지난해 주한 미 해군사령관 프란체티는 이임식에서 "미 해군은 제주에 해군기지가 건설되는 즉시 항해와 훈련을 목적으로 함선들을 보내기를 원한다"고 발언하기도 했다.

미국 한국정책연구소 특별연구원인 크리스틴 안은 "내가 워싱턴의 한국 대사관에 전화로 제주도 해군기지에 관해 항의하자 '우리한테 전화하지 말고 미국 국무부나 국방성에 전화하세요. 해군기지를 건설하도록 우리에게 압력을 가하고 있는 사람들은 그들'이라는 답이 돌아왔다"고 밝혔다.

최근 미·중 갈등이 격화될 조짐이 보인다. 트럼프가 대만 총통과 전화 통화를 하자 중국은 하나의 중국 원칙을 위협한다며 즉각 반발했다. 미국 정찰기가 중국 근해에 나타난 횟수가 2009년 260번에서 2014년 1200번으로 늘었다는 보고도 있다. 미국은 핵 항공모함 존 C 스테니스와 미사일 구축함 윌리엄 P 로런스 호를 남중국해에 파견하기도 했다. 중국도 이에 질세라 항공모함과 핵탄도미사일 발사 전략잠수함 등 무기 보유를 늘릴 계획을 갖고 있다.

그런데 박근혜 정부는 제주 해군기지 건설과 사드 배치, 한일 군사정보보호협정을 맺으면서 미·중 갈등에 더욱 깊숙하게 연루되고 있다. 제주 해군기지 건설에 대해 중국 지배자들은 여러 차례 불편한 심기를 노골적으로 드러냈다. 한국 정부가 해군기지 건설 명분으로 내세우는 이어도 초계 활동도 중국의 방공식별구역과 겹쳐 군사적 긴장을 초래할 위험을 안고 있다. 사드 배치를 강행하면서 긴장은 더욱 고조되고 있다.

한편, 한국 국방부는 2017년 국방 예산을 전년도 대비 5.3퍼센트 늘려 요청했는데 지난 10년 사이 한국 국방 예산은 갑절로 뛰었다. 예산 부족 운운하며 노인 기초연금 공약을 파기하고 세월호 특조위 예산도 삭감해 놓고는 말이다.

결국 제국주의 패권 경쟁에 따른 군비 확대와 군사적 불안정의 피해는 이런 결정에 어떤 영향력도 끼칠 수 없는 평범한 노동자 대중이 지게 될 것이다.

국가: 준비된 무능, 무관심, 무책임

박근혜는 참사가 발생한 시각(오전 8시 49분)으로부터 8시간, 첫 번째 지시를 내린 시각(10시 20분)으로부터 7시간이 지나서야 대중 앞에 나타났다. 그리고 이렇게 말했다. "구명조끼를 학생들은 입었다고 하는데 그렇게 발견하기가 힘듭니까?"

오전 10시 21분에 세월호에서 탈출한 학생이 마지막 생존자였다. 그런데 박근혜는 오후 5시 30분에도 학생들이 구명조끼를 입고 바다 위에 둥둥 떠 있는 줄 알았다. 온 나라가 각자의 일상을 뒤로 한 채 간절한 마음으로 하루 종일 생방송만 보고 있을 때 박근혜는 팽목항 상황을 전혀 몰랐던 것이다.

그런데 한편으로 정부는 생명보다 비용을 우선하는 수많은 정책으로 대형 참사를 사실상 '준비'해 왔다.

2009년부터 선박 관련 안전 규제는 꾸준히 풀려 왔다. "민간 경제 활성화", "선진화"를 외치던 이명박 정부는 2009년 해상운송사업법 시행규칙을 개정해, 기존 20년이던 여객선 선령 제한을 최대 30년으로 변경했다. 연간 200억 원의 비용 절감 효과가 예상된다는 것이 변경 근거였다. 그 결과, 선령 20년이 넘은 선박은 2008년에 12척이었는데 5년 만에 67척으로 늘었다. 해운 회사들의 '경영 부담'을 줄여 주기 위해 탑승자들의 '위험 부담'을 높인 것이다.

2012년에는 '수난구호법'을 개정해 해양 사고가 발생했을 때 구조·구난의 많은 부분을 민간에 맡기도록 했다. 해경은 "해양 사고는 연간 계속 발생하는 것이 아니기 때문에 장비를 계속 보유하고 있으면 많은 비용이 들어간다. 민간하고 네트워킹을 잘 하면 예산이 절감된다"고 설명했다. 이후 해경은 바다에서 생긴 조난사고 구조가 가장 중요한 업무임에도, 자체 예산 중 해양안전 관련 예산을 지속적으로 줄여 왔다.

이런 시스템 때문에 해경은 평소 바다에 빠진 사람 건져 내는 것 이외에 훈련을 하질 않았다. 참사 현장에 출동했던 유일한 경비정 123정 대원들은 평소에 빠진 사람 가까이 가서 구명볼을 던져 주고 그것을 잡고 나올 수 있도록 하는 방법만 배웠다. 그마저 2014년 2월 정기 인사로 직원이 바뀐 뒤에는 훈련이 없었고 김경일 정장도 그 일부였다. 구조의 '골든타임'에 구난 명령을 내리고, 인양 전문업체 언딘에 구조를 위탁한 것에도 이런 배경이 있었다.

2012년 국토해양부가 제출한 용역보고서는 “최근 연안에서 발생하는 사고 선박은 15년 이상 된 배들이며 노후 선박은 해상에서 각종 사고를 일으킬 가능성이 높아 개선이 시급하다”고 지적했다. 그러나 개선된 것은 아무것도 없었다. 3년 전 내항여객선 안전관리를 별도의 조직을 설립해 맡기려는 입법 시도가 있었지만, “국제적 추세에 어긋난다”며 정부가 반대해 결국 무산되기도 했다.

재난관리 재정 투입 계획은 박근혜 정부 들어서 마이너스 4.9퍼센트를 기록했고, ‘인명 구조, 수난구호명령, 선박 좌초·전복 대처’를 담당하던 지방 해양경찰청들의 수색구조계도 예산 축소로 없어졌다. 이 때문에 현재 전국 해경 출장소 241곳 중 연안구조장비를 갖추지 않은 곳은 95곳으로 무려 39퍼센트에 이른다. 연안구조장비 도입 예산은 2011년 53억 원이던 것이 지난해 23억 원으로 줄었다.

2013년 해양경찰백서를 보면 해양경찰은 현장 출동 세력과 지휘부 사이에 최첨단 통신 시스템을 구축해 현장 지휘 능력을 높였다며 자랑스럽게 이야기하고 있다.

현장 단속 요원들의 통신 편리성을 높이고 임무 수행의 효율성을 극대화하기 위해 초경량 TRS를 장착한 무선 양방향 헬멧형 헤드

셋을 개발하여 단속요원-함정-상황실 간 실시간 현장 상황 공유 및 대응 역량 강화를 위해 노력하였다.

그러나 참사 당시 123정과 함께 '골든타임'에 현장에 도착한 유일한 소형 헬기 511호에는 통신 장비가 없었다. 구조 요원들은 현장에 내려간 뒤 수신호로만 소통하는 황당한 상황이 벌어졌다. 피해자들은 다음과 같이 말했다.

> 텔레비전 자막이 떴어요. "전원 구조." 그때 부모들은 박수를 치면서 "그럼, 그럼, 우리나라가 어떤 나란데, 배 만들어서 수출하는 나란데, 감사합니다. 감사합니다." 그랬어요. 그 배가 일본에서 가져온 낡은 배인지도 모르고.(유가족)
>
> 헬기에 있던 해경은 헬기 탈 자신 있는 사람 먼저 손들고 나오라고 얘길 했어요. 애들 한 명씩 배에서 나오는 거 보고만 있다가 구명보트에서 "어 나왔다" 이러는 해경도 있고.(생존 학생)
>
> [참사 당일 구조에 나섰던 어선의] 선주들이 나를 보자마자 하는 첫마디가 "해경 개새끼, 죽일 놈의 새끼들, 저 새끼들이 안 구했어"였어요. 나보다 성이 더 나 가지고는 "살릴 수 있었는데 안 살렸다"고 … 선원들 중에는 학생들이 유리창을 손톱으로 긁어 대고 얼굴을 유리에 대고 숨을 거둬 가는 그 현장을 목격한 사람들이 많습니다.(유가족)

[당일] 저녁 7시쯤에 몇몇 부모들이 돈을 걷어서 어선을 빌렸어요. … 애 아빠가 다녀와서는 "구조를 전혀 안 해. 보트 같은 것만 주변을 돌고 있어"라고 … (유가족)

'구조'를 위해 출동했던 해경 123정은 구조 장비를 싣지 않고 출발했다. 세월호에 구비된 구명벌은 투하 시도를 했으나 정작 123정에 구비된 구명벌은 투하하지 않았고, 123정의 위생사는 영상 채증을 하느라 응급환자의 심폐소생술을 하지 않았다.

9시 44분경, 123정 승무원은 선원과 선내 상황에 대해서 이야기를 나눴지만 퇴선을 위한 그 어떠한 행동도 하지 않았다. 오히려 25분 뒤 구조 중단을 결정했다. 최악의 경우 승객들이 구명조끼를 입은 상태로 바다에 떠 있기만 해도 최대 6시간까지 버틸 수 있었는데 말이다. 같은 시각, 어선들은 여전히 한 명이라도 더 구하려고 애쓰고 있었다.*

청와대는 구조가 긴박한 골든타임에 계속 '영상 보내라', '구조자 수 보내라' 보고만 요구했지, '어떻게' 구조하라고는 한마디도 하지 않았다. 청와대로부터 전화가 많이 와서 해경청장이

* 구조된 인원 총 172명 중, 헬기 3대가 한 명씩 끌어올려 35명을 서거차도로 옮겼고 123정이 40여 분간 선원 17명, 승객 67명을 123정 또는 구명보트에 태웠다. 10시 전후에 도착한 어선들은 마지막까지 남아 20분 동안 승객 58명을 구조했다.

전화 받으러 가느라고 대책회의를 5분 만에 중단시켜 버렸다는 의혹도 있다. 해경·해군의 심해잠수 능력 부족으로 민간 잠수사들이 무리하게 잠수하는 상황이었지만 지원은커녕 식사도 제대로 제공받지 못해 라면으로 끼니를 때우거나 굶어야 했다.

해경과 정부, 청와대의 관심사는 딴 데 있었다. '대국민 은폐 조작쇼'를 꾸미는 일이었다.

2014년 4월 17일 오후, 박근혜가 진도체육관을 방문했다. 당시 대통령과 해수부 장관 등은 침몰 현장의 수색 상황을 둘러보고 진도체육관으로 온 길이었다. 그 자리에서 해경청장 김석균은 "잠수사 500명을 투입해서 수색 중"이라고 브리핑했다. 그러나 실제 하루 평균 투입된 잠수사는 50명 남짓에 불과했다. 24명이나 14명만 투입된 날도 있었다.

피해자 가족들은 해경의 극악무도한 거짓말에 격렬하게 항의했다. 하지만 방금 현장을 보고 온 대통령과 해수부 장관은 "살려 달라"고 애타게 호소하는 유가족들을 매몰차게 외면했다.

해경은 4월 18일 자 언론 브리핑에서도 "잠수 요원 532명을 지속 투입 중"이라고 했고, 4월 19일에도 "민관 잠수부 652명을 활용, 선내 진입 수색에 박차를 가할 예정"이라고 했다. 정부와 청와대는 이 과정에서 철저한 동조자였다. 당시 해경청장 김석균은 세월호 특조위의 1차 청문회에서 "총동원령을 내려서 전국의 잠수사를 동원하게 한 것이지, 투입의 의미가 직접 잠수를 한다는 건 아니다"라며 동원 세력에 '대기 인원'까지 포함해서 알린 것은 "단순히 불찰"이라고 말했다.

4월 28일에는 123정 정장 김경일과 대원들을 시켜 거짓 기자회견을 열었다. 사고 현장에 도착하자마자 "뛰어내리라"고 수차례 퇴선 방송을 했고 대원을 선내에 진입시켜 승객 퇴선을 유도했다는 내용이었다. 기자들이 사고 당시 동영상에는 퇴선 방송이 나오지 않는다고 지적하자 부정장 김종인은 마이크를 잡고 '재연'까지 해 보였다. "바다로 뛰어내리세요! 승객 뛰어내리세요!" 세월호 특조위 1차 청문회에서 해경청장 김석균은 자신이 이 거짓 기자회견을 지시했다고 시인했다.

해경 지도부는 4월 19일 "현장 수색활동 사진 및 영상 등 수시 트윗하여 국민적 응원 분위기 조성"을 지시했고, 선체 도면도 없이 직경 19밀리미터에 불과한 호스로 공기 주입 작업을 해 놓고도 공기 주입을 성공적으로 한 것처럼 보도했다. 무인수색로봇ROV 선내 진입 성공 발표도 허위였다.

해경의 오락가락 발표와 거짓말을 지켜보면서 자식을 기다리는 유가족들의 마음은 천국과 지옥을 오가며 천 갈래 만 갈래 찢어졌다.

진도체육관은 아수라장이었다. 시신 확인 과정에는 아무런 체계가 없어 가족뿐 아니라 일반인, 기자들까지 우루루 몰려와서 구경하듯 했다. 아무런 도움이 없어 피해자들은 스스로

역할을 분담해 시신 확인 작업을 직접 운영해야 했다. 공무원들은 '윗전'이 오면 의전 한다고 뛰어다니며 피해자들이 누워 있는 잠자리를 밟고 지나다녔다. 유가족들 앞에서 태연하게 거짓말하고, 인증샷을 찍고, 소파에 앉아 컵라면을 먹는 '정치인'들의 작태는 참을 수 없을 만큼 가증스럽고 잔인했다.

국가는 구조와 대처, 피해자 지원에는 지독하리만치 무능했지만, 국민에 대한 탄압과 감시엔 신속하고 치밀하고 유능했다. 사고 첫날부터 구조본부 해경 인력의 5분의 4는 구조가 아니라 유족 감시와 의전에 배치됐다. 참사 당일부터 4월 25일까지 매일 사복경찰과 해경정보과 직원 46~130명이 진도체육관 등에 파견됐다. 피해자들은 "사복 입은 사람이 뒤에 와서 몰래 대화를 엿듣고 뭔가 계속 기록하고 신원을 물어보면 정확히 대답하지 않고 회피했다"고 입을 모았다.

2부

박근혜 정권 하의
세월호 항의 운동 돌아보기

분노가 된 슬픔

세월호 참사가 벌어진 직후, 엄청난 슬픔이 온 나라를 뒤덮었다. 하지만 애도의 물결은 곧 분노의 물결로 바뀌었고, 많은 사람들이 노란 리본을 달고 거리로 나왔다.

무엇보다 당사자인 유가족들이 자식을 떠나보낸 고통이 채 가시기도 전에 행동에 나섰다. "힘없는 부모라서 너희들을 죽게 했다"며 지은 죄도 없이 자책감에 시달리던 유가족들은 "진상을 못 밝히면 죽어서도 아이들을 볼 수 없다"며 싸움에 나섰다.

그러나 경제 위기 상황에서 자본가들의 일치된 지지를 받아 대통령 자리에 오른 박근혜는 처음부터 경제를 살리고 노동계급의 투쟁을 효과적으로 제압해야 한다는 임무를 띠고 집권했다. 국회도 새누리당이 다수 의석을 차지하고 있었다.

이런 상황이다 보니 세월호 참사 이후 정부가 보인 대응은 한층 더 악질적이고 노골적이었다.

박근혜는 세월호 참사 이후 카메라 앞에서 악어의 눈물을 흘리는 것도 잠시, 생명과 안전을 위한 기업 규제마저 "바다에 빠트린 다음 살릴 것만 살리자"고 서슴없이 말했다. 참사 대책으로 민간 보험을 활성화하겠다는 '방안 아닌 방안'도 꺼냈다.

새누리당은 세월호 참사의 진실을 밝히겠다는 유가족들을 경제 침체의 원흉으로, 보상금을 많이 받아 내려는 '돈벌레'로 몰았다. 엄연히 국회를 통과한 특별법에 근거해 설치된 세월호 참사 특조위를 "세금 도둑" 취급했다.

그리고 나중에 폭로된 전 민정수석 김영한의 업무수첩을 보면, 이런 비난 '여론'을 김기춘을 비롯한 청와대가 직접 조성하고 유포했다는 것을 알 수 있다. 김기춘은 정부 비판 여론이 재점화될까 봐 인양도 반대했다. 해수부가 피해자 가족들에게 인양을 약속한 시점이었다. 당시 법무부 장관이던 황교안은 검찰의 해경 수사에 방해 외압을 넣고, 자기 뜻대로 안 되자 인사 보복까지 했다는 게 폭로됐다.

박근혜 정권이 이토록 진실 규명과 인양을 방해한 것은 안전 사회를 바라는 다수의 개혁 염원을 꺾는 동시에, 세월호 참사 항의 운동이 정권의 아킬레스건으로 부상하지 못하도록 하기 위해서였다. 결국 박근혜는 2016년 9월 30일, 세월호 특조위를 강제 종료시켰다. 그리고 당분간 세월호 참사 이야기가 묻히길 바랐을 것이다.

하지만 곧 박근혜 퇴진 운동이 터졌다. 그리고 그 촛불의 파도 위로 세월호 운동은 또다시 높이 떠올랐다. 수많은 사람들이 세월호 참사야말로 박근혜 퇴진의 첫 번째 사유라고 외쳤다. 결국 박근혜는 파면됐고, 구속됐다.

박근혜가 내려오자 세월호가 올라왔다. 바다 위로 올라온 세월호는 박근혜의 침몰을 상징하는 것이나 다름없었고, 검찰과 법원이 박근혜를 구속하도록 한 힘이 됐다.

피해자들은 탄압과 모욕에 시달리고, 참사의 주범들은 다리 뻗고 자는 울화통 터지는 3년이었다. 안전하고 정의로운 사회에 살고 싶다는 소박한 소망이 국가에 의해 철저하게 외면당하는 3년이었다. 그 과정에서 많은 사람들이 가지고 있던 국가에 대한 '상식'이 깨졌다. 그리고 그 자리에 박근혜 정권에 대한 뿌리 깊은 증오가 싹텄다.

차곡차곡 축적된 분노는 항상 운동으로 분출한 것은 아니었지만, 광범한 반反박근혜 정서의 핵심 토양이 됐다. 그리고 노동자들의 저항과 함께 바로 이 토양 위에서 박근혜 정권 퇴진 운동이 자라났다.

진상 규명 운동

유가족들은 성역 없는 수사와 처벌을 위해 기소권과 수사권을 가진 독립적 조사 기구를 요구했다.

유가족들에 대한 지지는 뜨거웠다. 2014년 5월 8일 유가족 수백 명이 상경해 청운효자동 주민센터 앞에서 벌인 항의 농성을 시작으로, 5월 10일 안산에서 열린 첫 집회에 2만여 명이 모였고, 이후 이어진 서울 도심 집회 규모도 점점 성장했다.

이에 고무된 유가족들은 전국 각지를 돌며 지지를 호소했고, 7월부터는 국회 앞 농성에 돌입했다. 농성은 광화문으로 진출했고, 이는 운동 참가자들의 투지를 다시 모으는 구실을 했다. 8월 '유민 아빠' 김영오 씨의 단식은 7·30 재보선 이후 다시 연대의 초점을 제공했고, 이에 동조 단식자가 3만 명에 이를 정도였다.

박근혜는 유가족의 패이고 패인 상처에 끊임없이 소금을 뿌렸다. ©제공 노동자 연대

그런데 국회가 문제였다. 새누리당은 물론, 야당인 민주당도 특검 임명 시 유가족의 의사를 반영하면 되지 않느냐며 수사권과 기소권이 포함된 특별법을 반대했다.

그러나 유가족들은 기존 특검의 한계를 알고 있었기 때문에 독립적 조사 기구를 만들라고 한 것이었다. 이 나라에서 특검제 도입 이래 열한 차례 특검이 시행됐지만 속시원하게 권력 비리가 밝혀진 적은 거의 없었기 때문이다. 오히려 이명박 BBK 특검, 디도스 특검은 모두 무혐의로 결론이 나기도 했다.

특별법 제정 운동은 계속됐고 유가족들에 대한 지지도 점점 커졌지만 야당은 끊임없이 운동을 향해 양보와 후퇴를 강요했다. 유가족들은 여야의 야합을 세 차례나 거부했다. 그러자 점차 세월호참사국민대책회의(현 4·16연대) 내 온건파 리더들이 야당에게 실용주의적으로 타협하기 시작했다. 온건파 리더들 다수는 '특검 추천 시 유가족 참여 보장'으로 요구 수준을 낮추자며 물러섰고, 이런 입장을 정당화하려고 여야가 합의한 자료 제출 요구권, 청문회권, 동행 명령권 등을 큰 성과처럼 부풀렸다.

결국 2014년 11월 제한적 조사권만 보장하는 '반쪽짜리' 특별법(4·16세월호참사 진상 규명 및 안전사회 건설 등을 위한 특별법)이 여야 합의로 통과됐다. 강제력 있는 특조위를 바란 유가족과 수많은 시민의 열망을 배신한 것이었다.

운동이 요구를 온전하게 이루지 못하고 한풀 꺾이자, 박근혜 정부는 이제 이 '반쪽짜리' 특별법마저 무력화하려 했다. 제한적 조사일지라도 진실의 실마리를 찾아내면 사람들의 울분을 자극할 수 있으므로, 그 가능성을 원천 봉쇄하고 싶었던 것이다.

특조위 발족을 거듭 방해하던 정부는 급기야 정부가 파견한 고위직 공무원이 특조위의 전체 업무를 총괄하도록 하는 시행령을 내놓았다. 세월호 참사 1년을 맞아 유가족과 수많은 사람들이 반발하면서 거리로 나왔지만 결국 정부는 2015년 5월 시행령 통과를 밀어붙였다.

민주당의 기회주의도 계속됐다. 민주당은 2016년 4월 총선에서 여소야대가 되면 많은 것이 바뀔 것이라 호언장담했지만, 특조위의 활동 기간을 제멋대로 해석해 강제 종료시키려는 정부에 맞서 특별법을 개정하려는 운동이 벌어졌을 때 이도 저도 아닌 태도로 일관했다. 결국 9월 정기국회에서 새누리당이 특별법 개정안을 농해수위 안건조정위로 넘김으로써 정부의 강제 종료 시한 이전에 특별법을 개정할 수 없도록 했을 때 이를 사실상 방조했다.

분노한 유가족들이 민주당 당사에서 단식 농성을 벌이며 싸웠을 때도 민주당은 '노력하겠다'고 둘러대기만 했고, 국민의당도 농성장을 찾아와서 "사실상 개정은 어렵다"고 변명했다.

2016년 6월 세월호 침몰과 제주 해군기지 건설 사이의 연관성이 드러나면서, (박근혜 정부는 더더욱 그랬을 테지만) 제주 해군기지 건설에 원죄가 있는 민주당도 진상 규명에 열의가 더 떨어진 것은 아닌지 의심이 들기도 한다.

4·16가족협의회는 2015년 7월, 본격적으로 활동을 개시하는 특조위를 향해 이렇게 당부했었다. "특별조사위의 활동을 '진상은폐위원회'로 변질시키려는 세력과의 싸움은 피할 수 없습니다. 만약 이에 굴복한다면 역사적인 특별조사위는 제 역할을 못한 채 특별법에 의해 보장된 시간만 버리게 될 것입니다. 이럴 때 특별조사위원회가 정부로부터 독립성을 확보하려면 피해자와 국민의 응원과 지지를 확보해야 합니다."

유가족 추천 비상임 특조위원인 이호중 교수도 이렇게 말했다. "특조위 활동 기한이 보장돼야 하는 이유를 특조위가 스스로 입증해야 합니다. 청와대나 국정원에 대한 본격적인 조사를 시도하는 등 대중들에게 특조위가 아직 해야 할 일이 많다는 것을 보여 줘야 합니다."

그러나 특조위는 활동 기간 동안 그런 모습을 충분히 보여 주지 못했고, 유가족들의 조심스러운 비판도 받았다. 4·16가족협의회 진상 규명분과장 '준형 아빠'는 2015년 10월 한 인터뷰에서 답답함을 이렇게 토로했다. "특조위는 직권 조사를* 손 놓고 있다. 사건 신청을 안 넣으면 일을 진행하질 못한다. … 특조위에서는 각자 서로 눈치를 본다. 파벌도 다르고 당도 다르니까. 새누리당이든 민주당이든 대법관 출신이든 다 뭉쳐서 진상 규명을 목표로 힘을 합쳐 보자는 게 특조위를 만든 목표였는데, 지금은 그 의미가 퇴색됐다. 가족들 입장에선 답답하다."

민주당이 세월호 참사 진상 규명에 어중간한 태도를 취하고 있을 때, 특조위 내 야당 추천 위원들과 친민주당 성향의 위원들은 이로부터 자유롭지 않았을 것이다.

끝내 2016년 9월 30일, 특조위는 강제로 종료됐다.

---

* 특조위의 조사는 '직권사건 조사'와 피해자가 신청할 수 있는 '신청사건 조사'로 이뤄진다.

세월호 특조위는 지난 활동을 이렇게 평가했다. "그동안 조사 활동 과정에서 적지 않은 어려움을 겪으며 우리가 얻은 결론은 세월호 특별법의 초기 입법 과정에서 쟁론의 대상이 된 수사권, 기소권 논의가 헛된 것이 아니었다는 점이다."(권영빈 특조위 진상규명소위원장)

결국 세월호 운동의 요구는 2년 동안 먼 길을 돌아 다시 제자리로 왔다.

민주당은 인양 후 선체 조사에 관련한 법안을 놓고도 자유한국당(새누리당)과 야합했다. 그 과정에서 "선체 조사"는 "선체 처리"로 왜곡됐고, 수습·조사 기간과 조사 인력 모두 절반으로 '반쪽'이 났다. 선체 보존에 관한 내용도 "보존 여부를 검토할 수 있다"는 표현으로 바뀌었다. 법안의 알맹이들을 자유당에게 다 내주고 대폭 후퇴한 것이다.

2016년 말부터 이어진 다섯 달간의 퇴진 운동 과정에서도 박근혜 파면을 이끌어 낸 진짜 힘은 모두 매주 토요일 거리를 촛불로 밝힌 수십, 수백만의 보통 사람들에게서 나왔다. 반면 민주당은 박근혜와 여당이 사상 최대의 위기를 겪고 있는 와중에도 국회 탄핵안 상정이나 헌재 탄핵 판결에 대한 승복 등을 놓고 끊임없이 동요했다.

문재인 정부는 앞으로도 자본가들이 가하는 압박과 대중의 '적폐 청산' 염원 사이에서 우왕좌왕하며 줄타기할 것이다.

따라서 진상 규명, 책임자 처벌, 안전 사회 건설이라는 세월호 운동의 요구를 성취하려면, 국가에 맞선 싸움은 계속돼야 한다. 그렇게 하기 위해서는 민주당 정부에만 기대다 투쟁의 칼날을 무디게 하는 일은 없어야 한다.

세월호 1000일: 박근혜는 진작 쫓겨나야 했다

작년인가, 재작년인가요, … "한 사람이라도 빨리빨리 필요하면 특공대도 보내고, 모든 것을 다 동원해 가지고 한 사람도 빠짐없이 구조하라" 이렇게 해 가면서 보고 받으면서 이렇게 하루 종일 보냈어요. … 거기 119도 있고 다 있지 않겠습니까? 거기서 제일 잘 알아서 하겠죠, 해경이. 그러나 대통령으로서는 … 제 할 것은 다 했다고 생각하는데.(박근혜, 2017년 1월 1일)

[참사 당일 구조에 나섰던 어선의] 선주들이 나를 보자마자 하는 첫 마디가 "해경 개새끼, 죽일 놈의 새끼들, 저 새끼들이 안 구했어" 였어요. 나보다 성이 더 나 가지고는 "살릴 수 있었는데 안 살렸

출처: 김문성, 〈노동자 연대〉 193호(2017-01-06).

다"고 … [당일] 저녁 7시쯤에 몇몇 부모들이 돈을 걷어서 어선을 빌렸어요. … 애 아빠가 다녀와서는 "구조를 전혀 안 해. 보트 같은 것만 주변을 돌고 있어"라고 … (유가족)

세월호 참사의 비극을 기억하는 사람들은 1000일이 다 돼서야 내놓은 박근혜의 변명을 들으며 울화통이 터졌을 것이다. 박근혜가 천진한 표정을 가장하며 3년 전 세월호 참사를 '작년인가, 재작년인가' 할 때는 특히 그랬다. 정말 날짜를 헷갈린 것이든, 그날 자신에게는 기억날 만큼 특별한 일이 없었다는 암시를 주려 수작을 부린 것이든 둘 다 어처구니없고 가증스러운 언사다. 평범한 사람들의 목숨에 아무런 관심도 안타까움도 없다는 뜻이니 말이다. 그래도 '대통령'이라고 이런 작자에게 유가족들이 얘기 들어 달라고 애원한 시간이 억울할 뿐이다.

박근혜의 죄가 참사 당일에 희생자들을 구하려고 노력하지 않은 것만은 아니다(물론 그것만으로도 '부작위에 의한 살인'을 의심할 정도로 큰 죄다). 참사의 배경이 된 안전 규제 완화, 국가기관의 안전 예산 삭감, 안전 업무 일부 민영화에 앞장선 것이 박근혜 정부다. 박근혜·최순실 게이트는 이 친기업 행각에 윤활유 구실을 한 부패 구조의 꼭대기에도 박근혜 일당이 있었음을 드러냈다.

이윤 우선주의 친기업 정책들을 역대 정부들도 강화해 왔다고 해서 박근혜의 책임이 줄어드는 건 아니다. 박근혜는 그런 국가의 수장이었을 뿐 아니라, 둘째가라면 서러울 정도로 친기업 임무에 충실했기 때문이다. 박근혜는 메르스 사태 때도 기업주들의 이익을 위해 무책임과 은폐로 일관하다가 온 나라를 위험에 빠뜨렸다. 박근혜와 최순실의 사적 치부인 것을 알면서도 기업주들이 돈을 내놓은 것은 단지 협박이 아니라 감사와 청탁의 뜻도 있는 것이다.

직접 책임도 있다. 규제와의 전쟁을 선포해 첫해에만 600개 넘는 규제를 없앤 것이 박근혜다. 선장의 선박 안전 관리 보고 의무를 없애고 과적과 화물 결박 점검을 서류로 대체 가능하도록 한 것도 박근혜다. 재난 관리 예산을 줄이고 해경의 수색 구조계를 폐지한 것도 박근혜다.

해경의 구조 능력 약화는 관련 업무 민영화와 예산 직접 삭감은 물론이고, 예산 절감을 목표로 한 기관별 성과주의가 관료적 무책임과 상명하복 분위기를 조장한 대가일 것이다.

세월호 과적의 중요한 배경이 된 제주 해군기지 건설을 적극 찬성하고 공사를 서두른 것도 박근혜다. 그 배경인 미국의 군사 패권 정책에 앞장서 협력해 온 것도 박근혜다. 그런 호전적 정책이 우파 지지층을 달래고, 한국 기업주들의 이익에 부합한다고 보기 때문이다.

타인의 고통에 공감할 능력도 의사도 없는 박근혜가 기업주들이나 제국주의자들과는 죽이 척척 맞는 것은 독재자 박정희에게서 물려받은 계급 본능일 것이다. 그러니 노동계급이 대부분인 희생자들의 목숨을 자기 어깨나 허리 잠깐 아픈 것보다도 하찮게 여긴 것이다.

심지어 박근혜는 아비에게서 배운 공작 정치 등 통치 기술을 유가족들에게 써 먹었다. 세월호 참사 진실 규명이 자신의 안정적 통치에 방해된다는 걸 간파했기 때문이고, 세월호 유가족들은 그래도 되는 존재라고 봤기 때문일 것이다.

진실이 드러나 이윤 우선주의와 친제국주의 정책에 대중적 문제 제기가 일어나는 것도 싫었을 것이다. 혹시라도 자신의 무책임하고 비밀스런 사생활이 드러나 위신이 떨어지는 것도 피하고 싶었을 것이다.

결국 진상 규명 특별법을 반쪽으로 만들었고 그마저 '쓰레기 시행령'으로 다시 반토막 내 버렸다. 청와대(김기춘)와 국정원은 유가족을 '돈벌레'로 모욕하고, 세월호 특조위를 '세금 도둑'으로 몰았다(김기춘이 감사원 세월호 보고서 내용 변경에, 황교안과 우병우가 세월호 검찰 수사에 각각 압력을 넣었다는 의혹들이 최근 제기됐다). 가진 게 변변찮아 자식이 유일한 희망이고 미래인 사람들이 자식을 잃은 비통함을 하소연할 기회도, 죽은 이유라도 알고 싶다는 소박한 소망도 꺾어 버리려 한 것이다.

그 일에 혁혁한 공을 세운 조대환을 자신의 마지막 민정수석으로 임명한 것은 용서받지 못할 만행들에 책임질 자가 박근혜 본인이라는 자백으로 볼 수밖에 없다.

비극의 상징물인 세월호가 사람들의 눈앞에 다시 모습을 드러내는 것도 악몽처럼 여겼을 것이다. 책임론이 다시 대두해 원망과 분노가 다시 자신을 향할 것을 예감했을 것이다. 그러니 거듭된 인양 결정 지연과 인양 실패는 '연출된 무능'으로 볼 수밖에 없다.

정리하면, 세월호 참사는 이윤 우선주의의 야만과 냉혹함, 노동계급 천대의 극치를 보여 줬다. 세월호 참사는 자본주의 이윤 경쟁 체제와 부패한 우익 정권의 합작품이다. 체제의 사악함과 정권의 적폐가 집약된 이 사건을 보면, 박근혜 정부의 존재 자체를 적폐라고 말할 수 있다. 세월호 참사만으로도 박근혜는 진작 쫓겨나야 했고 열 번이라도 탄핵을 당해야 마땅했다.

따라서 세월호 참사에 대한 정치적·도덕적 항의는 이윤 우선주의에 대한 문제 제기를 함축하는 것이고, 노동계급적 정의의 실현을 요구하는 것이다. 수천만 노동자·민중도 같은 마음이었다는 것은 연인원 1000만 명이 참가한 정권 퇴진 운동에서 가장 지지를 받는 요구가 세월호 참사 문제 해결인 것을 봐도 알 수 있다. 그래서 책임자 처벌도, 진상 규명도, 세월호 인양도 충분히 이뤄지지 않았지만, 결국 그런 악행들의 대가로 박근혜가 쫓겨나기 직전으로 몰렸다. 다만, 이는 최소한의 정의다.

지금이라도 유가족과 운동의 요구는 즉각 실현돼야 하고, 박근혜 정권은 당장 물러나야 한다. 그래야 우리는 비로소 희생자들에게 정의가 실현되고 있다고 말할 수 있을 것이다. 지금 즉각적인 정권 퇴진과 적폐 청산 요구는 세월호 참사 해결과 한 몸이다.

기쁘다! 박근혜 파면

헌법재판소가 박근혜를 파면(탄핵)했다. 지긋지긋한 박근혜를 만 4년 만에 민중의 힘으로 중도 하야케 했다. 마침내! 지난해 10월 29일 서울 광화문광장에서 박근혜 정권 퇴진 운동이 본격화된 지 132일 만이다.

박근혜 파면은 다섯 달 동안 매주 눈비를 마다 않고 광장을 지킨 1500만 촛불의 긍지이고 훈장이다. 그리고 지난 4년간 반박근혜 투쟁의 선두에 서 온 노동운동의 자부심이다. 공장에서, 대학에서, 성주에서, 진주에서 전국 곳곳에서 정권의 악행에 맞서 싸워 온 민중의 정의다.

수십 년간 이 나라를 지배해 온 독재 세력에 젖줄을 댄 강성

출처: 김문성, 〈노동자 연대〉 200호(2017-03-10).

우익 박근혜 정권은 처음부터 끝까지 우리 민중을 "개·돼지 취급"해 왔다. 공작 정치로 대선 승리를 훔쳤고, 표를 얻기 위해 남발한 복지 공약을 간단히 취소했다. 기업주들이 책임져야 할 경제 위기의 고통을 노동계급에 전가해 왔다. 생때같은 자식들이 죽은 이유라도 알게 해 달라는 부모들을 좌익 세력 취급하며 적대했다. 일자리 같은 일자리를 달라는 청년들에게 (갖가지 위험이 있는) 중동에나 가 보라고 무시했다. 고통 전가를 중단하고 대선 공약을 지키라는 백남기 씨를 물대포로 죽이고는 그 사인死因마저 속이려 했다. 일자리 찾는 여성들에게 고작 저질의 시간제 일자리를 내놓고는 애나 많이 낳으라고 모욕했다. 노동운동, 사회운동, 문화계 등을 사찰하며 블랙리스트를 만들어 자유로운 표현과 민주적 권리를 침해했다. 국정원과 재벌이 자금을 댄 관제 데모와 방송 장악으로 여론을 조작해 왔다.

이 모든 악행들에 대한 원한과 증오가 거대한 퇴진 운동으로 수렴됐다. 그리고 결국 그 뜻을 이뤘다. 박근혜 일당과 우익은 끝까지 발악했지만, 최소한의 정의를 실현하려는 민중의 의지가 더 강했다. 세월호 참사로 구조도 못 받고 희생된 원혼의 분노가 그들의 생떼보다 더 강했다.

오만한 권력자들에게 더는 얕보이지 않겠다고 결심한 대중은 국회의 탄핵소추 가결 후에도 흩어지지 않았다. 줄기차게 모이면서 박근혜의 즉각 퇴진과 구속을 촉구해 왔다. 박근혜

박근혜가 세월호 유가족과 항의 운동에 저지른 악행은 거대한 퇴진 촛불 운동이 돼 돌아왔다. ©제공 노동자 연대

없는 박근혜 정부를 이끈 황교안에게도 분노를 감추지 않았다. 세월호 3주기에는 반드시 박근혜를 몰아내고 구속해서 희생자들을 만나고 싶다고 염원했다. 오만 방자한 우익들이 우리를 얕보고 바람 불면 꺼질 촛불이라고 비웃었지만, 촛불은 바람을 타고 들불처럼 번지고 커져 왔다.

바로 그 힘으로 이미 박근혜 탄핵 전에 정권 실세들인 김기춘·조윤선·안종범 등이 구속됐다. 박근혜의 분신과 다름없던 최순실이 구속됐다. 그의 딸 정유라의 이화여대 입학이 취소됐고, 부정 입학에 연루된 이대 총장과 관련 교수들이 구속됐다. 심지어 사후 퇴학 처분으로 그 다이아몬드 수저의 고졸 학력마저 박탈됐다. 그러고는 70년 불구속 신화라던 삼성 재벌의 총수 이재용까지 구속됐다.

이는 박근혜가 더욱 심화시킨 불평등하고 부정의한 사회를 뜯어고치고 바꾸는 일의 출발일 뿐이다. 대선으로 박근혜 정권이 물러난다고 해도 앞으로 60일이나 기다려야 한다. 이 점을 이용해, 여전히 독재를 미화한 국정교과서가 떠돌고, 사드 등 미국의 대량살상무기들이 서둘러 들어오고 있다. 고통 전가와 노동 개악도 완전히 중단된 것이 아니다.

정권이 바뀌어도 기업주들을 위한 고통 전가와 친제국주의 정책들은 쉽게 포기하지 않을 것이다. 세월호 참사의 철저한 진상 규명도 계속 좌절될 것이다. 박근혜도 구속을 피하려고 온갖 "염병하네" 할 짓들을 해댈 것이다. 앞으로의 재판에서 이 모든 적폐 인물들의 구속 판결을 받아 내는 것도 결코 만만한 일이 아니다.

광장의 촛불이 계속 타올라야 하는 이유다. 여전히 민중이 거리를 지켜야 하는 이유다. 특히, 노동자들이 승리감을 자신감으로, 일터의 반란으로 번지게 해야 한다.

물론 적폐와 싸우는 일, 정권 퇴진 염원의 밑바탕에 깔린 불평등과 부정의의 구조를 변화시키는 일에는 더 긴 시간과 노력이 필요할 것이다. 더 효과적인 정치와 전략이 필수적이다. 이 과정에서 쓰디쓴 논쟁과 난관도 겪을 것이다.

그러나 우리에겐 희망을 가질 만한 이유가 충분히 있다. 진보진영 일각에서도 정권 퇴진 운동을 공상이라고 비웃던 반년 전과는 분명히 상황이 다르다.

이제 사람들은 4년 전 박근혜 당선에 좌절하고 한숨짓던 사람들이 아니다. 대중 스스로의 힘으로 사악한 통치자의 중도하차를 이뤄 낸 사람들이다. 한국 현대사에서 가장 오래 핏빛 독재를 자행했던 세력을 계승하고 싶어 했던 바로 그 정권을 끝장낸 사람들이다.

여세를 몰아 정권의 청산을 위한 투쟁을 이어 가자. 일터에서, 학교에서, 거리에서, 지역사회에서 노동자·민중의 조건 개선과 해방을 위해 싸우자. 교만한 지배자들에게 단결과 연대의 힘을 보여 주자. 권력을 쥔 자들에게 주눅 들지 말고 그들에게 우리를 존중하라고 말하자. 박근혜 퇴진은 투쟁하는 민중의 자랑이다.

세월호 인용 안 한 헌법재판소

헌재는 세월호 참사에 대한 박근혜의 대처에 문제가 있었지만, 직책의 성실 수행 여부는 탄핵심판 절차의 판단 대상이 안 된다고 판단했다. 세월호 참사에 분노하고 있는 사람들이 이 판단에 동의할 수는 없다.

세월호 참사 구조 문제는 단순히 부작위에 의한 대통령의 의무 이행 실패 문제로만 볼 수 없다. 박근혜는 구조에 완전히 실패했을 뿐 아니라, 참사 원인, 구조 실패 과정을 밝혀내려는 모든 노력을 방해하고 중단시켰다. 세월호 특조위를 무력화하고 결국 해산시켰을 뿐 아니라 특검의 세월호 참사 당일 7시간 수사도 가로막고 결국 황교안을 통해 특검을 해산시켰다.

출처: 김문성, 〈노동자 연대〉 200호(2017-03-10)의 일부.

특검은 대통령의 대면 조사, 청와대 압수수색이 "실행되지 않아 대통령의 구체적 행적을 밝히는 데 한계"가 있었다고 밝혔다. 그럼에도 특검은 주로 오전에 청와대에 들어와서 박근혜의 머리 손질을 해 주던 전담 미용사에게 청와대가 4월 15일에 "내일은 들어오지 않아도 된다"고 연락했음을 밝혀냈다.

그리고 특검은 박근혜가 피부미용시술을 한 것으로 밝혀진 시기와 이 전담 미용사들이 청와대에 들어간 날을 비교해 "주로 미용시술이 있었던 날(또는 그다음 날)은 ○○○, △△△ [미용사]가 청와대에 들어가지 않았을 개연성은 있음"이라고 판단했다.

결국 특검은 세월호 참사 당일의 7시간뿐 아니라 "4월 15일 저녁부터 4월 16일 오전 10시경까지 무엇을 하였는지"에 관한 최소 20시간의 의혹을 제기한 셈이다. 이런 의혹은 추가 수사의 필요성을 제기할 뿐 아니라, 적어도 직무유기에 의한 과실치사일 개연성을 제기하는 것이다. 박근혜가 세월호 참사 3년 동안 진실 규명을 끝내 가로막고 심지어 헌재의 당일 행적 규명 요구에도 응하지 않았음을 봤을 때, 그 개연성에 대한 의심은 더욱 커질 수밖에 없다.

따라서 세월호 참사에서 문제가 되는 것은 헌재 판결과 달리, 단지 당일 직책 수행의 성실성 문제는 아닌 것이다.

박근혜의 탄핵 사유에는 세월호 참사도 포함됐어야 했다. 보수적인 헌재가 세월호 참사를 탄핵 사유로 인정하지 않았다 하더라도 촛불 운동 속의 많은 사람들에게 세월호 참사는 탄핵 제1의 사유였다. 세월호 참사 진실 규명과 책임자 처벌을 위한 기층의 운동은 계속될 것이다.

화물칸에서 나온 제주 해군기지 철근 수백 톤과 블랙박스

인양된 세월호의 화물칸에서는 철근이 끊임없이 나왔다. 2017년 8월 6일부터 나오기 시작한 철근은 많게는 하루에 수십 톤씩 발견됐다. 현재까지 발견된 철근은 총 364.3톤이다. 2016년 6월 27일 세월호 참사 특별조사위원회는 참사 당일 세월호에 제주 해군기지 건설용 철근 400여 톤이 실렸다는 내용을 확인한 바 있다. 따라서 이후에도 화물칸에서는 철근이 계속 쏟아져 나올 것이다.

청해진해운의 한 관계자는 "참사 당일 실린 것들은 100퍼센트 해군기지로 가는 것"이었다고 밝혔다(〈미디어오늘〉 2016년

출처: 김승주, 〈노동자 연대〉 218호(2017-08-16)와 223호(2017-10-01).

6월 16일 자). 승객 5000명 무게에 해당하는 철근의 양은 일반 화물 총량의 3분의 1 이상으로, 세월호에 실린 화물 중 가장 큰 비중을 차지했다. 게다가 규정을 어긴 채 대충 고박됐다.

철근을 비롯한 화물의 과적과 부실한 고박은 침몰 여부를 결정지은 원인 중 하나일 수 있다. 배가 한 번 왼쪽으로 기운 상황에서 화물이 쏠리자 또 한 번 기울어졌고, 그 탓에 배가 걷잡을 수 없이 전복되기 시작했기 때문이다. 또한 화물의 쏠림은 급격한 침몰을 야기해, 탈출 가능 시간을 대폭 감축시켰다.

그런데 참사 당일 무리한 출항이 제주 해군기지 공사가 늦어지고 있던 상황과 연관이 깊다는 의혹도 제기돼 진상 규명의 과제로 떠올랐다. 참사 직후 검찰이 철근의 양을 280여 톤이라고 축소 발표하고, 해군이 제주 해군기지로 들어간 철근의 조달 경로를 숨긴 것이 드러나면서 정부 차원의 축소·은폐 의혹이 커졌다.

앞으로 철근 과적, 부실한 고박, 축소 보고 등 정부의 책임을 분명히 밝혀야 한다.

특조위가 분석한 청해진해운의 영업 실적 자료를 보면, 청해진해운은 2010년부터 제주 해군기지 건설 등으로 물동량이 증가할 것을 예상하며 대비하고 있었다. 실제로 제주 해군기지 건설이 본격화된 2012년, 제주항으로 들어오는 주요 건설자재 화물량이 급격히 상승해 2013년에는 이전의 갑절 가까이 폭증

했다. 세월호 참사가 발생한 이후 제주 해군기지 공사에 차질이 생긴 정황도 발견됐다.

청해진해운은 경쟁 선사에 뒤처지지 않으려고 일본에서 사온 낡은 배를 급하게 개조하고, 허위계약서를 꾸미고, 선박 허가 기관에 뇌물을 뿌렸다. 즉, 세월호는 탄생부터 제주 해군기지와 연관돼 있었던 것이다.

세월호가 화물을 꾸역꾸역 싣고 휘청거리며 항해하는 동안, 이명박과 박근혜는 제주 강정마을 주민들의 거센 반발을 짓밟으며 해군기지 공사를 밀어붙였다. 그 과정에서 천혜의 자연환경이 파괴됐고, 주민들의 삶도 물리적 폭력과 벌금 폭탄과 온갖 이간질로 파괴됐다.

이미 강정 마을과 세월호에서 끔찍한 희생을 만들어 낸 제주 해군기지는, 장차 더 큰 위험과 불안정으로 평범한 사람들을 내몰 미국 제국주의, 그리고 한미 동맹과 연관돼 있다.

오바마 정부 때부터 미국은 동아시아에서 자국의 경제적·지정학적 영향력을 재천명하고자 본격적으로 중국을 견제하기 시작했다. 중국의 부상을 견제하지 않으면 장기적으로 국제 서열의 맨 꼭대기를 지키기가 어려울 것이라고 여긴 것이다. 그래서 아시아에서 동맹을 강화하고 군사력을 전진 배치하며 중국을 견제하려고 애썼다.

중국을 군사적으로 봉쇄하려는 미국의 전략에 비춰 볼 때,

세월호는 탄생부터 참사까지 제주 해군기지와 얽혀 있다. 세월호 화물칸에서 발견된 철근들. ©제공 정성욱 4·16 가족협의회

제주도는 동·남중국해와 서해, 일본을 연결하는 지정학적 요충지다. 특히 미국은 중국을 봉쇄하고자 미사일방어체계MD를 구축하려 하는데 제주 해군기지는 MD의 중요한 일부다. 문재인 정부가 최근 성주 주민들을 짓밟고 배치를 강행하는 사드 또한 MD의 핵심 무기다.

이에 맞서 중국도 해군력을 중심으로 군사력을 엄청나게 늘려 왔다. 중국 지배자들은 중국 경제에 매우 중요한 주요 해상 운송로를 미국이 장악한 데 불만을 품고, 유사시 미군 전력을 역내에서 밀어내고자 한다.

이처럼 한반도 일대를 놓고 제국주의적 패권 경쟁이 격화되는 상황에서, 한국의 지배자들은 미국의 편에 서서 나름의 군사 강국이 돼 한몫을 거들려고 한다(한국은 이미 군사력이 세계 12위다). 자본주의·제국주의의 우선순위는 평범한 사람들의 안전과 평화가 완전히 뒷전이다. 세월호 참사는 바로 그 연장선에 있었던 것이다.

제주 해군기지는 김대중 정부가 논의하기 시작해서 노무현 정부가 결정했고, 이명박·박근혜가 건설에 착수했다. 역대 민주당 정부가 미국 제국주의의 압력을 거스르기는커녕 적극적 협조자 구실을 했듯이, 문재인 정부 또한 한미 동맹과 부국강병을 앞세우며 집권하자마자 사드 배치를 강행했다. 2018년 예산안에서 군사비도 대폭 늘렸다. 이러한 군사력 증대는 제국주의적 패권 경쟁의 악순환을 강화할 뿐, 미국이 주도하는 동아시아에서의 긴장 격화도, 북한 핵 위협도 결코 막을 수 없을 것이다.

이것이 문재인 정부가 평범한 사람들에게 근본적 안전과 평화를 가져다줄 것이라고 기대할 수 없는 이유다.

화물칸 블랙박스가 보여 준 것

한편, 2017년 9월 15일 〈뉴스타파〉는 세월호 화물칸에 실렸던 차량들의 블랙박스 영상을 세월호 선체조사위원회로부터 입수해 공개했다. 세월호 인양의 성과이자 진상 규명에 있어서는 결정적 전진이다. 영상 분석에 따르면, 세월호는 기존의 추정보다 더 일찍 화물이 이동하고, 복원성이 예상보다 더 나빴던 탓에 기울었을 가능성이 크다.

이제까지 추정은 대체로 이랬다. 정상적 운항을 하던 세월호가 8시 49분과 50분 사이 초반 어느 시점에 갑자기 오른쪽으로 급선회하면서 원심력으로 왼쪽으로 기울기 시작했고, 후반 어느 시점에 화물이 대거 이동하면서 2차로 기울어졌다(횡경사).

문제는 침몰에 이르게 할 만큼 배를 급선회시킨 요인을 밝히기 어려웠다는 점이다. 검찰 조사와 선원 진술에 기반해서 화물, 평형수, 고박 상태 등의 수치를 대입해 계산해 보면 추가적 요인 없이는 그 정도로 나쁜 복원성 수치가 나오지 않았기 때문이다. 그래서 이를 놓고 실수에 의한 대각도 조타(검찰의 주장), 외부 충격('김어준의 파파이스', 자로 등 일각의 음모론적 주장), 엔진 고장 가능성(법원) 등 여러 가설이 나왔다.

그런데 블랙박스 영상 분석에 따르면, 검찰이 청해진해운

측 진술 등을 바탕으로 발표한 자료에 나와 있는 데이터부터 오류가 있었다. 그 데이터를 토대로 실시한 선박해양플랜트연구소KRISO의 시뮬레이션 결과대로라면 세월호에 실린 차량은 이론적으로 세월호가 34.6도 기울어진 시점부터 미끄러졌어야 한다. 그러나 이번에 공개된 블랙박스 영상 속 차량들은 세월호가 21도* 기울어진 시점(49분 36초경)에 이미 급격하게 쓰러지기 시작했다. 선박해양플랜트연구소의 시뮬레이션 결과에 따르면, 이때는 컨테이너와 일반 화물만 미끄러졌어야 하는데 말이다.

게다가 영상을 보면, 급선회 때문에 선체가 기울어지면서 화물이 이동한 것이 아니라, 화물이 먼저 이동하면서 배가 기울기 시작하고 그 탓에 배가 급선회했다고도 추론할 수 있다. 영상을 보면, 8시 49분 26초경 화물이 이동해 부딪히는 소리가 처음으로 감지된다. 이때는 선체 기울기가 21도였던 8시 49분 36초경보다 10초나 이른 시점이다. 세월호의 '선회 시 횡경사각'(조타기로 배를 최대한 회전시켰을 때 버틸 수 있는 기울기)이 20~21도라는 점을 고려하면, 화물의 이동이 선체의 급선회 전에 일어났을 가능성이 매우 큰 것이다.

---

* 중력에 따라 수직으로 떨어지는 물줄기와 화물칸 내부 기둥 사이의 각도를 통해 해당 시점에 선체 기울기를 계산한 결과.

이번 영상의 분석 결과는 세월호의 AIS항적도와도 부합한다. AIS항적도를 보면 화물 이동이 시작된 8시 49분 26초를 기점으로 선수각(운항 방향)이 비정상적으로 변하기 시작해 49분 30초까지는 초당 1도씩 꺾였고, 36초(기울기 21도)부터 59초(기울기 47도) 사이에는 초당 2.3도씩 급격하게 꺾였다.

결국, 이번에 공개된 블랙박스 영상은 그동안 알려져 있던 것보다 세월호의 복원성이 훨씬 더 나빴음을 보여 준다. 복원성을 계산할 때는 과적된 화물의 양과 평형수의 양이 핵심적이다. 그런데 세월호 선체가 인양된 후에, 기존 특조위의 화물 조사 때 파악되지 않았던 포크레인 2대와 컨테이너 2개 등이 더 수습됐다. "기존의 복원성 계산에 쓰인 화물량 데이터가 정확하지 못했다는 직접적인 증거인 셈이다."(《뉴스타파》)

이번 블랙박스 분석에는 영상 분석 외에도 충격 감지 장치(G센서) 분석 결과도 나왔다. 그 결과를 보면, 사고 당시 외부 충격이나 내부 폭발 등은 없었다. 대신 쏠린 화물들 탓에 C데크 화물칸의 유리창이 깨지면서 급격한 침수가 일어났다는 것이 밝혀졌다(이는 침몰 속도를 높이고, 구조 가능한 시각을 축소시켰다).

세월호는 참사가 발생하기 몇 달 전에도 바람이나 파도 때문에 항해를 중단하고 돌아와야 할 만큼 왼쪽으로 기운 적이 있던 배였다. 그런데 평소에도 과적을 일삼으며 수년째 위험천만

하게 운항하던 세월호는 2014년 4월 16일에는 더욱 위험한 상태였다. 화물 기사들의 증언에 따르면, 참사 전날 다른 배들이 출항을 포기할 만큼 날씨가 나빴지만 세월호는 뒤늦게 운항 허가를 받아 출항 준비를 했고, 이 때문에 화물이 평소보다 더 부실하게 고박됐다(청해진해운은 평소에도 고박 규정을 지키지 않고 과적을 일삼았다).

이는 당시 제주 해군기지 공사가 전반적으로 늦어지고 있어 화물 운송이 급한 사정 때문이었을 것으로 추정된다. 앞서 살펴봤듯이 세월호 화물칸에는 사람 5000명 무게에 달하는 철근이 실려 있었다.

결국 상시적 과적과 그에 따른 복원성 악화 탓에 언제 침몰했어도 이상하지 않을 위험천만한 배가, 미국 패권 돕기의 일환인 제주 해군기지를 건설하기 위한 철근의 과적과 부실한 고박과 맞물려 사상 최악의 대형 참사로 치달은 것이다.

이는 세월호 참사의 근본적 배경이 자본주의의 이윤 지상주의 논리와 제국주의 협조 정책에 있음을 다시 한 번 상기시켜 준다.

드러난 박근혜의 '세월호 7시간'

세월호 참사 4주기를 약 3주 남겨 놓고 박근혜의 '세월호 7시간'의 실체가 드러났다. 2018년 3월 28일 검찰은 '세월호 7시간'에 관한 수사 결과를 발표했다. 2017년 말 붕괴해 가는 정권을 끝까지 살려 보겠다고 청문회에서조차 뻔뻔하게 위증하던 자들이 이제야 입을 연 것이다. 밝혀진 '세월호 7시간'의 내용은 (이미 예상했던 것임에도 다시 한 번) '어떻게 인간이 이토록 냉혈한일 수 있는가' 하는 생각마저 들게 한다.

검찰 발표에 따르면, 박근혜는 구조의 골든타임 동안 청와대 관저의 침실에 있었다. 전화도 계속 안 받아서 안봉근(문고리 3인방 중 하나)이 침실 앞에서 "대통령님" 하고 여러 번 부

출처: 김승주, 〈노동자 연대〉 242호(2018-03-29).

른 뒤에야 얼굴을 내밀었다고 한다. 바로 그 시각(10시 20분) 세월호에서는 마지막 생존자가 민간 어선에 의해 건져 올려지는 중이었다. 보트 위로 올라온 마지막 생존자는 아직 친구들이 배 안에 있다며 울었다.

안봉근의 말을 듣고 국가안보실장 김장수와 통화한 박근혜는 "단 한 명의 인명 피해도 없게 하라"는 하나 마나 한 지시를 내렸다. 이후 중앙재난안전대책본부(중대본)에 처음으로 얼굴을 드러내기(오후 5시 15분)까지 '7시간'이 걸린 것이다. 그사이 최순실을 청와대로 급히 호출해 문고리 3인방과 5인 회의를 열었고, 미용사를 불러 '올림머리'를 했다.

11번에 걸쳐 실시간으로 보고했다는 말도 모두 거짓이었다. 보고는 오후와 저녁에 한 번씩, 그것도 침실 앞 탁자 위에 올려졌을 뿐이다. 이러니 중대본을 방문한 박근혜가 "구명조끼를 학생들은 입었다고 하는데 그렇게 발견하기가 힘듭니까?" 따위의 황당한 소리를 한 것이다.

헌법재판소는 박근혜의 "대응 조치에 미흡하고 부적절한 면이 있었다고 하여 곧바로 피청구인이 생명권 보호 의무를 위반하였다고 인정하기는 어렵다"고 했다. 그러나 이제 더 분명히 드러난 진실은, 참사 당일 박근혜가 "국민의 생명과 안전을 지킨다"는 대통령의 직무를 적극적으로 위배했다는 것이다. 사후에는 이를 은폐하려고 온갖 공작과 탄압을 세월호 참사 유가족과 항의 운동에 가했다. 박근혜는 이미 2014년 4월 16일에 끌어내려졌어야 마땅한 범죄자임이 새삼 밝혀진 것이다.

2014년 10월, 검경합동수사본부가 내놓은 세월호 침몰의 1차적 원인(대각도 조타 실수)은 법원조차 설득력이 없다고 인정했고, 최근에는 당시 검찰이 선체 모형 실험 결과를 임의로 누락하고 은폐했다는 의혹도 나왔다.

책임자 처벌도 극도로 미약했다. 검찰은 205명을 기소했지만 그중 공직자는 단 53명에 불과했고 이 중 처벌받은 공직자는 딱 한 명, 목포해경 123정장뿐이었다. 기소조차 안 된 책임자들이 수두룩하다는 것도 잊어선 안 된다.

문재인 정부는 '세월호 적폐 청산'을 약속했다. 대선 후보 시절에 세월호 참사 3주기 추모식에 참석해 "국회에서 법 통과가 안 돼도 대통령 권한으로 특조위를 재가동시키겠[다]"고 약속했다. 하지만 2기 특조위법은 국회로 결국 넘어갔고, 제정 과정에서 주류 정당들 간 합의 끝에 또다시 1기 특조위와 다름없는 권한 수준에 머무르게 됐다. 민주당은 야당일 때도, 여당일 때도 권한이 부실한 특조위 구성에만 '일조'하고 있다.

반면 진실 은폐의 중요한 한 부분을 밝혀낸 이번 검찰의 수사 결과는 박근혜·최순실 게이트 특검에서 이어진 것이다. 퇴진 촛불이라는 강력한 대중운동의 압력과 여파가 있었기에 가능한 결과다. 7시간 은폐 등에 연루된 (박근혜, 김기춘 등) 최고 책임자들 다수가 이미 구속돼 있는 것도 촛불 덕분이다.

따라서 민주당에 의존하는 입법 캠페인을 수단으로 하기보다 아래로부터 대중 운동을 건설해 정부(와 정치권)를 압박하는 것이 진상 규명과 책임자 처벌에도 더 유리하다는 점이 재차 확인된 셈이다.

최근 밝혀진 블랙박스 화면이나 선체 모형 실험 등을 생각하면, 검찰이 전면 재수사할 근거는 이미 충분하다. 운동의 압력과 일부 위원들의 고군분투로 그나마 1기 특조위나 선조위 등에서 밝혀진 것들도 재수사의 재료들이다.

문재인 정부는 "원점에서 전면 재조사·수사"하라는 세월호 참사 유가족들의 요구를 수용해야 한다. 또한 수사는 강력한 처벌로 이어져야 한다. 현 정부(특히 해경) 안에 남아 있는 책임자들까지 모두 처벌해야 한다. 그래야 보통 사람들의 안전을 대수롭지 않은 일로 대하는 관료들의 태도에 조금이라도 경고가 될 수 있다.

음모론을 어떻게 볼 것인가?

세월호 급선회의 원인으로 의심되는 조타기나 프로펠러 고장 여부, 국정원 관련 의혹들, CCTV 저장 장치의 비정상적 종료와 데이터 부재의 이유 등 밝혀야 할 진실들이 남아 있다. 비어 있는 퍼즐 조각을 맞추기 위해 의혹과 가설을 제시하고 검증 필요성을 제기하는 것은 운동을 벌여 나가는 데서 중요한 디딤돌이 될 수 있다.

그러나 의혹과 가설을 제기하는 것과 음모론으로 나아가는 것은 다르다.

'오컴의 면도날' 또는 '사고 절약 원리'라고 불리는 현대 과학 이론의 기본 전제에 따르면, 불필요하거나 개연성이 낮은 가정을 계속 쌓아서 사건 전체를 완벽하게 구성하려 해서는 안 된다. 모르는 건 모르는 채로 비워 두고 무리하게 추측의 선을 넘지 말라는 것이다.

지배자들이 매우 음모적인 것은 맞지만(박근혜·최순실 게이트에도 무수한 음모가 있었다), 음모론은 합리적 의심을 넘어 대중이 통제할 수 없는 지배자들의 음모에 의해 세계가 좌우된다는 '이론'이다. 이것은 무력감을 퍼뜨리고 대중을 수동화시켜 운동을 약화시킬 뿐이다.

예컨대 참사 당일 세월호에서 누군가 무거운 닻을 떨어뜨려 배를 전복시켰다고 보는 파파이스 김어준 씨의 주장을 보자. 김어준 씨는 박근혜가 국정원 대선 개입을 감추려고 세월호를 침몰시켰다고 주장한다. 전형적인 음모론이다.

(7000톤짜리 배를 뒤집을 만큼 무겁고 큰 닻을 어떻게 들키지 않고 내릴 수 있는지는 제쳐 두더라도) 세월호 참사가 일으킨 공분이 박근혜를 끌어내리는 데 크게 일조한 것만 봐도, 박근혜가 세월호 참사를 의도적으로 유도했다고 보는 것은 설득력이 없다.

마땅한 근거도 없이 국정원 대선 개입 쟁점을 끌어온 것도 상상에 가까운 추측이다.

만약 세월호 참사에서 국가가 보인 무능, 무관심, 무책임이 '음모'라면 메르스 참사나 가습기 참사에서 국가가 보인 무능, 무관심, 무책임도 모두 음모로 봐야 할까?

음모론은 세계가 극소수의 지배자들이 입력한 프로그램대로 움직인다고 가정한다. 이 가정에 따르면, 지배자들은 우리의 머릿속까지 조종할 수 있을지 모른다. 만약 그렇다면 우리는 아무리 싸움에 나서도 그들을 이길 수 없을 것이다.

그러나 이런 식의 생각은 현실을 설명하지 못한다. 현실의 지배자들은 강력한 지배 수단들을 가지고 있지만 결코 전지전능하지는 않기 때문이다(지금의 박근혜를 보라).

음모론이 바라보는 세계에는, 평범한 대중이 저항을 벌이고 그 저항을 통해 사회를 바꿔 나갈 수 있다는 희망이 들어설 자리가 없다. 무기력하고 비관적인 세계관인 것이다.

반면 마르크스주의는 인간의 능동적 행위, 특히 계급투쟁의 역할을 중요하게 여긴다. 이것이 마르크스주의와 음모론의 가장 결정적인 차이다.

한편 음모론은 자신의 개연성 낮은 가설을 강화하기 위해 자신에게 반대되는 가설들은 무시하거나 깎아내린다. 자신에게 유리한 정보만 취사선택하는 것이다. 취사선택된 정보들만 보면 얼핏 아귀가 맞아떨어지는 것 같지만, 다른 증거와 정황을 함께 고려하면 합리적이지 않은 경우가 흔하다.

'세월X'라는 영상을 발표한 자로는 (배가 인양된 지금은 그 주장의 오류가 입증됐지만) 잠수함 같은 큰 물체가 세월호에 충돌해 배가 침몰했다고 주장했다.

자로는 자신의 가설을 뒷받침하기 위해 과적과 화물의 이동,

부실한 고박이 침몰에 끼친 영향을 부정했다. '화물이 많이 실리긴 했지만 과적은 아니고, 고박이 부실하긴 했지만 아예 안 한 것도 아니었다'는 식이다.

자로는 그 과정에서 특조위가 조사한 것들(참사 당일 배에 실렸던 화물의 무게, 화물의 이동이 침몰에 끼친 영향 등)은 무시하고 이미 사실이 아닌 것으로 밝혀진 인천항만공사의 자료를 사용했다.

이런 주장은 결국 정부와 자본에게 면죄부를 준다.

세월호 참사는 단지 우연으로만 설명할 수 없다. 참사가 발생하기 몇 달 전에도 바람이나 파도 때문에 세월호는 왼쪽으로 기운 적이 있었다. 그래서 출항했다가 바로 돌아온 일이 두 번이나 있었다. 배의 비정상적인 구조와 화물 과적 때문이었다. 한편 재난 관리에 필요한 예산이 대폭 삭감돼, 해경이 평소 받은 훈련은 바다에 빠진 사람 건져 내는 것뿐이었다. 이러니 어떻게 123정 대원들이 참사 현장에서 유능하게 대처할 수 있었겠는가?

이렇게 보면, 세월호 참사는 언제 일어나도 이상하지 않은 일이었다.

자로는 세월호의 침몰을 단지 우연적 사건으로 본다. 그런 점에서 음모론은 아니다.

그러나 체제나 사회구조의 문제를 등한시한 채, 세월호의 침몰을 단지 우연적 사건으로 치부하면 인간이 행위 주체로서 할 수 있는 일이 없어진다. 제2의 세월호 참사를 막기 위해 필요한 조처들을 어떻게 투쟁해서 쟁취할 것인지에 대해서도 무관심하게 된다. 결국 실천적 결론은 음모론의 그것과 별반 다르지 않은 것이다.

순전한 우연이나 음모에 기대 참사를 설명하려는 사람들 중에는 '국가가 국민의 생명과 안전을 지키기 위해 존재한다'는 상식에 기대는 듯한 사람들이 있다. 순전한 우연이나 음모가 아니면 국가의 구조 방기나 진실 은폐 의도를 설명할 방법이 없다는 것이다.

이들은 세월호 참사의 책임을 체제나 국가 자체가 아니라 박근혜 개인 또는 박근혜 정부만의 문제로 축소하려고 한다. 그 결과 사회 시스템을 바꿀 필요 없이 정권을 교체하는 게 급선무가 된다. 국정원 대선 개입 사태를 덮으려고 세월호 참사를 일으켰다는 식의 사고방식도 대통령 선거를 그 무엇보다 중요하게 여기는 데서 비롯하는 것이다.

그래서 음모론에 매료되는 사람들의 다수가 온건한 자유주의적 개혁주의자들(대부분 친노무현 또는 친민주당)이다. 이들은 운동이 신자유주의 정책 등을 문제 삼아 김대중·노무현 정부 시절의 책임까지 끄집어내는 것을 마뜩잖아한다.

세월호 참사는 무한 이윤 경쟁 체제인 자본주의와 그 체제를 지키고자 하는 국가 시스템이 만들어 낸 참사였다. 진실을 규명한다는 것은 단순히 의혹을 해명한다는 차원 이상이어야 하고, 궁극으로 이윤보다 생명이 먼저인 사회 시스템을 향한 여정 위에 있어야 한다.

3부

'세월호 적폐' 청산, 어디까지 왔나

세월호 참사 해결은 문재인 정부의 가장 큰 부채

연인원 1700만 명이 참가한 박근혜 퇴진 운동이 내세운 제1의 퇴진 사유는 세월호였다. 그러므로 압도적 정권 교체 염원 속에서 당선한 문재인은 세월호 운동에도 큰 빚을 졌다고 할 수 있다.

대선 막판에 문재인은 자기에게 투표하는 것이 세월호 진상 규명에 투표하는 것이라고 홍보했다. 개혁 기대 지지층의 표심이 정의당 심상정에게 쏠리는 것에 대한 대응이었을 것이다.

그러므로 세월호 참사 문제 해결은 문재인 정부가 우선 해결해야 할 과제이다. 세월호 참사 해결은 남은 진상을 밝혀내는

출처: 김문성, 〈노동자 연대〉 207호(2017-05-10).

것과 책임자 처벌, 재발 방지를 위해 국가와 사회의 이윤 우선 논리에 메스를 대는 것이다.

세월호 선체 조사는 물론이고, 해양수산부 관료들의 선체 인양 태업 의혹도 수사해야 한다. 박근혜·이명박의 친기업 규제 완화 조처들과 그 배경이 됐을 (재판 중이기도 한) 기업주들의 로비도 더 파헤쳐야 한다. 세월호 경영에 연루된 것으로 보이는 국가정보원도 수사해야 한다. 당연히 전 정권의 수사 방해와 유가족 비난 관제 동원 의혹도 파헤쳐야 한다.

그러나 그 계급 기반상, 아래로부터의 압력 없이는 문재인 정부가 행정부 관료 조직과 이윤 우선 시스템에 메스를 대려고 하지 않을 것이다. 민주당은 자본가 기반 정당이므로 — 비록 자본가들의 제2선호 정당이지만 — 야당 시절에도 이런 쟁점에서 불철저하게 대응해 왔다. 집권하면 더더욱 몸을 사릴 것이다.

그러므로 운동은 기다리지 말고 독자적으로 압력을 가하고 행동해야 한다. 국회에 계류된 세월호 2기 특조위 특별법의 국회 처리만 기다리지 말고, 정부가 검찰을 지휘해 즉시 수사에 착수하라고 요구해야 한다. 새 정권이 여소야대 국회를 핑계 대며 시급한 과제들을 미루도록 봐주지 말아야 한다는 뜻이다.

검찰을 믿어서가 아니라, 국정원 수사를 시도라도 할 수 있는 기관은 검찰밖에 없기 때문이다. 노동계급이 자신의 국가를

(아래로부터) 창출하기 전까지는 기존 국가에 대한 압박이 필요할 때가 있다.

국가와 기업주들에 대한 압력을 극대화하려면 당연히 조직 노동계급의 기여가 필요할 것이다. 아래로부터의 행동과 독립적 계급 정치가 중요한 것이다.

퇴진 운동이 크고 거센 압박을 가한 결과, 특검이 이재용을 구속하고 검찰이 박근혜와 이재용을 뇌물죄로 기소한 것에서 교훈을 얻어야 한다.

세월호 유해 발견 은폐한 해양수산부

2017년 11월 해수부가 세월호 미수습자 유골을 추가로 발견해 놓고도 이 사실을 은폐했다는 의혹이 제기됐다.

4·16연대 관계자에 따르면, 해수부 수습본부는 2017년 11월 17일 오전 11시 30분경 선체 진흙 세척 과정에서 손목뼈 1점을 추가로 발견했다. 그런데도 미수습자 장례식이 진행된 11월 18일부터 20일까지 미수습자 가족은 물론 아무에게도 알리지 않았다.

수습본부 부본부장 김현태는 "내가 책임질 테니 선체조사위원회, 미수습자 가족, 유가족에게 알리지 말라"고 지시했고, 이 발언은 현장에 있던 다수에 의해 확인됐다고 한다. 또 해수부

출처: 김승주, 〈노동자 연대〉 230호(2017-11-25).

수습본부장 이철조, 수습반장 김철홍 등도 유골 발견 사실을 알고 있었다고 한다. 이들도 모두 함구한 채 미수습자 장례식에까지 참석했다.

현재 미수습자 9명 중 4명의 뼈 일부만 발견된 상황이다. 그렇기 때문에, 뼛조각 하나라도 찾겠다며 1300일 넘게 기다려 온 미수습자 가족들에게 추가 유골 발견 사실을 숨긴 것은 물에 빠진 사람에게 마지막 지푸라기마저 빼앗은 격이나 다름없다.

해수부는 기자회견을 열어 해당 유골이 고故 이영숙 씨의 뼈로 확인됐다고 밝혔다. 이영숙 씨는 미수습자 9명 중 세월호 인양 뒤 유해의 일부를 찾은 4명 중 1명이다. 나머지 5명은 뼈 한 조각조차 찾지 못했고, 가족들은 유골이 은폐된 3일간 유골 대신 유품을 관에 넣고 통한의 장례식을 치렀다. 만약 은폐됐던 유골이 이 5명 중 1명의 것으로 밝혀졌더라면 해수부는 더욱 거센 비난에 직면했을 것이다.

그러나 이 사실이 면죄부가 될 수는 없다. 해수부는 발견된 유골이 누구의 뼈일지 알 수 없는 상황에서, 미수습자 가족들이 장례식을 중단하고 수색 재개를 요구할까 봐 이 사실을 숨긴 것이 분명하다.

해수부의 진정한 관심사는 미수습자 가족들을 하루빨리 목포에서 철수시키는 데 있었을 것이다. 미수습자인 권재근·혁규 부자와 양승진 선생님의 가족들도 사실이 알려진 직후 "(해수부가) 우리를 목포신항에서 하루빨리 내보내고 싶어 발견 사실을 숨겼다", "의도가 너무 불순하기 때문에 어떤 사과도 받아들일 수 없다" 하고 분노했다.

애초에 수색이 공식적으로 끝나 장례식을 치르려는 상황에서 뼈가 발견된 것부터가 그간의 수색이 얼마나 불충분했는지를 보여 준다. 미수습자 가족들이 장례식을 하기로 결정한 것도 수색을 할 만큼 했다고 생각해서가 아니라 "일각에서 저희 가족들을 못마땅하게 보"고 있기 때문에 "수많은 갈등 속에서 더 이상의 수색은 무리한 요구"라는 판단에 이르러서였다(미수습자 가족 기자회견). 정부가 충분한 수색을 전폭적으로 지원했다면 미수습자 가족들이 이러한 압박에서 좀 더 자유로울 수 있었을 것이다. 하지만 해수부는 희생자 가족들의 숱한 항의에도 불구하고 수색을 대충, 빨리 끝내 버렸다.

김영춘 해수부 장관은 (그의 해명에 따르면) 현장 간부들이 17일부터 3일간 유해 발견 사실을 숨겼고, 뒤늦게 이를 보고받은 뒤 22일에 언론에 보도될 때까지 이틀간 아무 조처도 하지 않았다. 장관이 뒤늦게라도 알았다면 마땅히 할 일은 곧바로 해당자들을 문책하고 사실을 공개하고 사과하는 것이다. 따라서 김영춘 장관의 행위는 백번 양보해 은폐 지시까지 한 것은 아니라고 하더라도, 적어도 은폐를 묵인한 것이다.

그렇다면, 김영춘 장관이 정말로 미수습자 발인이 끝난 20일에 보고를 받은 것인지도 제대로 된 조사가 필요했다. 만에 하나 은폐 사실이 알려지면 그 파장이 어떨지 모르지 않았을 테고, 더구나 박근혜 때처럼 정부가 나서서 축소 은폐 노력을 하는 상황도 아니고, 무엇보다 김영춘 장관이 20일에 보고를 받고도 아무런 조처도 하지 않았다는 점에서 이는 매우 합리적 문제 제기였다. 또 하나, 이런 위험 부담이 큰 은폐 행위에 가담하거나 적어도 그것을 묵인하면서 해수부 장관은 윗선과 아무 상의를 하지 않았는지도 확인이 필요했다.

바로 이런 대중의 합리적 의심 때문에 해수부 장관 사퇴 요구는 자연스럽고 정당한 것이었다. 많은 대중이 세월호 참사 해결을 응원했고, 그것은 박근혜 파면과 정권 교체의 중요한 한 동력이었다. 세월호 참사 해결은 적폐 세력에 대한 새 정부의 책략적 무기가 아니다. 대중과 세월호 유가족에 대한 정부의 의무일 뿐이다. 이 의무를 방기한다면 새 정부를 지지해 달라고 말할 자격은 없는 것이다.

상황이 이런데도 청와대와 김영춘의 반응은 실망을 넘어 분노를 일으킬 지경이었다. "보고 체계 부실", "안이한 행정"의 문제로 사안을 축소하고 실무 책임자들만 징계위에 회부하며 꼬리 자르기로 나왔던 것이다. '세월호 변호사'로 불리던 민주당 박주민 의원마저 앞장서서 '사퇴'는 "과도한 요구"라고 딱 잘라 말했다. 여기에는 김영춘이 다음 지방선거에서 민주당이 내보낼 주요 인사라는 점도 작용한 듯하다.

문재인 정부의 무책임하고도 미온적이기 짝이 없는 대응은 역설적이게도 자유한국당이 더욱 적반하장으로 날뛸 명분을 제공했다. 세월호 운동이 문재인 정부를 비판할 권리를 포기하자, 일말의 자격도 없는 역겨운 세월호 범죄자들(자유한국당)과 기회주의적인 국민의당이 그 자리를 대신해 버린 것이다!

유골 은폐 사건은 해수부가 미수습자 가족들의 싸움을 한시라도 빨리 정리해서 정치적 부담을 덜려는 과정에서 발생한 무리수였다. 이 사건 직후 잠깐이나마 문재인 정부의 지지율은 크게 떨어졌다.

사회적 참사 특별법:
1기 특조위의 전철을 밟지 않으려면

자유한국당과 국민의당은 문재인 정부를 유골 은폐 정부라고 욕하면서 국회에서는 '사회적 참사' 특별법(이하 2기 특조위법) 원안을 대폭 후퇴시키려고 애쓰고 있었다. 그 원안은 세월호 유가족들이 '2기 특조위는 1기 특조위와 달라야 한다'는 일념으로 국회를 압박해 신속 처리 법안으로 만들고 이후 300일을 기다려 온 것이었다. 그러나 민주당은 끝내 법안을 후퇴시키고 타협했다.

결정적으로 조사 권한이 대폭 후퇴했다. 2기 특조위법 원안에는 수사권이 제한적으로나마 포함돼 있었다. 수사권 대신 '사

출처: 김승주, 〈노동자 연대〉 231호(2017-11-30)의 일부.

법경찰권한'(검찰 수사권보다 한 단계 낮은, 경찰이 발동할 수 있는 수준의 수사권)이, 기소권 대신 '특검 후보 전원 추천 권한'이 포함됐다. 그런데 주류 정당들은 이 핵심적인 두 조항을 삭제하고 법안을 통과시켜 버렸다. 권한 측면에서 1기 특조위와 다를 바 없는 안이 통과된 것이다.

또, 유가족들은 민주당이 전체 특조위원 중 3분의 2를 추천하고 자유한국당은 이에 관여하지 못하도록 하길 바랐다. 그러나 민주당은 9명 중 4명을 추천하고, 민주당 소속이지만 우파의 눈치를 봐야 하는 국회의장 몫을 하나 넣었다. 자유한국당이 9명 중 3명이나 위원을 추천한다. 조사 기간도 '기본 2년, 필요시 1년 연장'에서 '기본 1년, 필요시 1년 연장'으로 후퇴했다. 기존 재판에서 판결이 완료된 경우 서면으로만 추가 조사할 수 있게 했고, 상설 특검도 후퇴했다.

그런데도 민주당은 뻔뻔하게 법안 통과가 대단한 성과라며 자화자찬했다.

유가족들이 얼마나 씁쓸한 마음으로 이 법안을 받아들였을지 이해가 간다. 지난 4년 가까이 '말 안 듣는 국회'와 '권한 없는 특조위'를 애타게 바라보며 먼 길을 돌아왔는데, 정권이 바뀐 뒤에도 또다시 비슷한 특조위를 받아든 것이다.

대선 후보 시절, 문재인은 세월호 참사 3주기 추모식에서 국회에서 법 통과가 안 돼도 대통령 권한으로 특조위를 재가동시키겠습니다" 하고 약속했다. 유가족과 많은 사람들이 크게 환영했다.

그런데 문재인은 집권 후 몇 달 안 돼 "국회를 믿는다"며 공을 넘겼다. 난관이 뻔히 예상되는 국회로 말이다. 이는 분명한 약속 위반이자 후퇴였다. 그리고 우려대로 2기 특조위법은 너덜너덜해졌다. 정부는 오히려 배신적인 인사를 단행했다. 해경을 부활시킨 뒤 기획조정관(해경 서열 3위)에 참사 당시 해경 대변인 고명석을 앉혔고, 침몰 사실을 접수하고도 '가만히 있었던' 해경 경비과장 여인태를 수사정보국장으로 승진시켰다. 이 외에도 해경이나 정부 소관의 특수법인 내에 남아 있는 책임자들은 많다.

문재인은 쌀쌀맞기 이를 데 없었던 박근혜와는 달리 세월호 유가족을 청와대에 초청해 위로하고 사과도 했다. 기간제 교사 희생자 2명의 순직도 인정됐다. 진즉 이뤄졌어야 할 일이 이뤄져 유가족들은 일부 위안을 얻었을 것이다.

하지만 유가족들이 지난 4년 동안 가장 간절하게 원한 것은 참사의 원인과 책임을 낱낱이 규명하고 책임자를 처벌하는 것, 다시는 세월호 참사와 같은 안전사고 때문에 억울하게 희생되는 사람이 없도록 하는 것이었다. 그 문제에서는 실질적으로 진전한 게 없다. 규제를 완화해서 기업의 돈벌이를 돕는다는 정부 기조도 달라진 게 거의 없고, 문재인은 세월호 문제 해결과 안전을 위한 예산이 아니라 국방 예산 늘리기를 더 강조했다.

그나마 남는 건 이전 정부처럼 특조위를 방해하지는 않을 거라는 기대일 것이다. 그럼에도 자유당이나 바른정당, 국민의당에 대한 비판에 더해서 문재인 정부나 ('박주민 법'이라고도 불린) 2기 특조위법의 큰 후퇴에 대해 운동 안에서 지적하는 흐름이 거의 없다.

국가와 체제에 항의하는 운동

4·16연대와 4·16가족협의회는 2015년 7월에 '세월호 인양, 진상 규명, 안전사회 대안 마련과 추모 지원을 위한 82대 과제'를 발표했다. 이 '과제'들의 압도 다수는 기업주의 이윤을 위협하고 정부의 공적 투자를 강제해야만 가능한 것들이다. 선박 안전의 개선 대책, 규제 완화 정책의 타당성 점검, 공공부문 민영화의 대책 강구, 안전의 주체로서 노동자의 권리 보장 등. 산업재해에 관한 기업 책임 강화를 위한 산업부문별 대책도 마련해야 한다고 돼 있다.

세월호 참사는 무한 이윤 경쟁 체제인 자본주의와 그 체제를 지키고자 하는 국가 시스템이 만들어 낸 참사다. 참사의 배경과 원인에 비춰 봐도, 이런 과제는 박근혜에 맞서는 것으로 축소 환원돼서는 안 된다(그래서 박근혜 음모론이 퇴행이고 문제였던 것이다). 자본주의 국가는 정권과 함께 5년마다 물갈이되는 청와대·행정부뿐 아니라 선출되지도 않고 정권이 바뀌어도 유지되는 권력들(사법부, 경찰과 군대, 국정원과 같은 정보기관 등)로도 이뤄져 있다. 무엇보다도 삼성의 이건희 같은 경제 권력(자본가들)은 어떤 정권이 들어서든 간에 국가를 향해 영향력을 행사한다.

따라서 세월호 참사 문제 해결이란 곧 자본가들의 이윤 지향과 투쟁하고, 그것을 수호하고 대변하려는 국가권력과 투쟁하는 운동, 특히 노동자 운동과 연계돼야 하는 것이다. 이 점에서 유가족들이 큰 공헌을 했지만, 아쉬움도 있다.

2014년 세월호 운동은 진상 규명을 위한 특별법 운동으로 첫발을 뗐다. 당연히 지지받아야 했다. 그런데 이 운동은 박근혜의 특조위 방해와 해산 시도 등에 맞서면서 진상 규명을 두드러지게 강조했고, 이는 암묵적으로 책임자 처벌, 기업 규제 강화 요구 등을 특조위의 진상 규명 완결 이후 단계처럼 여겨지게 만들었다.

이런 아쉬움에는 세월호 운동을 폭넓은 정치 운동과 연결하려 하기보다 자꾸 특조위·선조위 등 조사위 설치 입법 요구로 한정시키려 한 NGO의 개혁주의 전략도 한몫했다.

입법 요구로만 정치적 시야가 한정되니 야당의 협조가 가장 큰 비중을 차지하게 됐다. 아마도 운동 내 일부는 정권 교체와 이 운동을 연결시키려 생각한 듯하다. 그들은 그것이 운동의 정치화라고 여겼을 것이다. 주요 NGO 지도자들이 2014년에도 민주당의 배신적 후퇴를 수용하고, 유가족들이 몇 번이나 거부했던 특별법을 성과라고 과장한 것도 이 때문일 것이다.

세월호 참사 진상 규명과 해결이 박근혜 정권과 싸우는 정치 운동으로 발전해야 한다는 것과 민주당으로 정권 교체가 돼야 문제가 해결될 수 있으니 세월호 운동이 정권 교체에 복무해야 한다는 것은 전혀 다른 것이다.

그런 선거정치는 민주당에 무비판적으로 의존할 것을 요구한다. 바로 그 점이 제2기 특조위 입법 문제에서 나타난 무기력의 배경이었다. 문재인 정권이 약화되면 진상 규명이 요원해진다고 보게 되기 때문이다. 따라서 이런 정치는 입법을 위한 동력이란 점에서 봐도 무력해지기 십상이다.

실제로 세월호 운동은 박근혜 정부와 여당의 방해뿐 아니라 민주당의 기회주의와 배신에 의해서도 번번이 눈물을 삼켰다. 2014년 특별법이 국회 협상 과정에서 완전히 누더기가 된 것, 특별법이 보장한 특검이 국회에 상정조차 되지 않은 채 물거품이 된 것, 인양 후 선체조사위 특별법이 여야 협상 과정에서 대폭 후퇴한 것 등.

세월호 운동의 일부가 문재인 정부와 공조를 추구하며 장밋

빛 미래를 기대하는 사이에 또 다른 참사의 희생자인 스텔라데이지호 실종자 가족들은 문재인 정부를 상대로 항의하면서 거리로 나왔다.

세월호 운동 내에는 문재인 정부에 맞서 싸우면 대중적 지지를 잃을까 봐 우려하는 목소리도 있다. 그러나 세월호 유가족에 대한 지지는 여전히 광범하고 단단하다. 그러니 걱정과 반대로 세월호 문제에서 문재인 정부가 실망을 줄 때야말로 문재인 정부가 어려워질 때일 것이다.

따라서 세월호 운동이 자신들이 피어린 투쟁으로 쌓아 올린 광범한 지지와 권위를 문제 해결에 진지하지 않은 현 정부·여당을 옹호하는 데에 사용해서는 안 된다. 문재인 정부 실책의 일부가 되면 오히려 운동에 대한 열의와 지지, 신뢰가 깎일 수 있다.

무엇보다 정부의 냉대·탄압 속에서도 포기하지 않고 싸워 결국 박근혜 퇴진에 크게 기여한 세월호 유가족들과 운동은 문재인 정부에게 더 나은 것을 요구하고 비판할 자격이 있다.

진실이 모두 규명된 것은 아니지만, 적어도 우리는 이 참사에 책임을 져야 할 자들이 누군지 아주 잘 알고 있다. 박근혜뿐 아니라 세월호 수사에 외압을 넣은 황교안과 우병우, 유가족들에 대한 감시와 탄압을 지시한 김기춘도 죗값을 톡톡히 치르게 만들어야 한다. 이들을 뒤따라 수갑을 차야 할 해수부,

해경 책임자들도 한둘이 아니다.

문재인과 만남 이후 한 유가족은 자신의 페이스북에 이렇게 썼다.

> 그들(자유한국당을 비롯한 야당들)이 법안 통과에 적극적으로 협조할지도 의심되지만, 준비된 법안으로 범죄 혐의자들이 감춰 둔 증거물을 찾아내고 조사하는 것에는 여전히 한계가 있다고 생각하고 있습니다. … 대통령님께서 검찰에게 엄정한 특별 수사를 지시해 주십시오. 서울중앙지검에는 이미 탄원인이 제출한 고발장이 접수되어 담당 검사가 배당되어 있는 상태이므로 대통령님의 결단에 따라 재수사 착수는 충분히 가능하다고 저는 판단하고 있습니다.

이 지적대로 책임자 처벌은 문재인 정부가 결단만 하면 당장 할 수 있다. 진상 규명의 주요 걸림돌이었던 자들을 처벌하고 권력에서 물러나게 한다면 참사의 진실을 찾고 비슷한 참사의 재발 가능성을 낮추는 걸음도 한결 빨라질 것이다.

'세월호 판박이' 스텔라데이지호 침몰

> 저희는 문재인 대통령의 당선으로 실종 선원들의 수색 재개가 조속히 이루어질 것으로 매우 기대하고 있었습니다. 그러나 대통령 당선 후 일주일이 지나도 스텔라데이지호 실종 선원의 수색 재개는 전혀 진전이 없습니다. … 제발 도와주세요.

2017년 5월 17일 기자회견에서 스텔라데이지호 선원 가족협의회 공동대표 허경주 씨가 한 가슴 절절한 호소다.

초대형 화물선 스텔라데이지호는 세월호가 뭍으로 올라온 2017년 3월 31일 남대서양에서 침몰했다. 한국인 8명을 포함

출처: 김승주, 〈노동자 연대〉 210호(2017-05-30)와 242호(2018-03-27)를 종합한 것이다.

한 선원 22명이 실종됐다. 원인은 무리한 선박 개조와 노후화에 따른 선체 균열로 추정된다. 세월호 참사 이후에도 한국선급의 허술한 선박 안전 검사가 개선되지 않은 것이다. 평소 선원들은 스텔라데이지호를 "언제 침몰해도 이상하지 않은 '똥배'"라고 불렀다.

스텔라데이지호의 실종 선원들은 침몰 직후 구명벌(자체 동력이 없는 구조 보트)을 이용해 탈출했을 것으로 추측된다. 이 구명벌에는 3일 치 식량과 낚시 도구 등 생존에 필요한 장비가 구비돼 있다. 만약 사고 즉시 주변 해역을 수색했다면 구했을지 모른다.

그러나 선사는 사고가 발생한 지 12시간이나 지나서야 한국 해경과 외교부에 사고 사실을 알렸다. 사고의 파장을 축소하고 책임을 조금이라도 더는 데 급급해 선원들의 목숨은 뒷전에 둔 것이 아닌지 의심스럽다. 해수부와 외교부도 사고 사실을 안 뒤 당시 대통령 권한대행 황교안에게 보고하기까지 8시간을 허비했다.

그사이 수색의 골든타임은 속절없이 흘러갔다. 브라질 공군이 사고 발생 28시간 뒤에 수색을 시작했지만 남대서양 망망대해 어딘가로 휩쓸려 간 구명벌은 사고 발생 두 달 가까이 지난 현재까지 발견되지 않았다.

2017년 4월 3일 해수부 장관 김영석은 "가족들이 양해할 때까지 끝까지 수색하겠다"고 했지만, 이 약속은 금세 깨졌다. 해수부는 수색 해역을 통과하는 국가 소유 선박을 수색에 투입하지 않았다. "우리나라 국토 면적 정도 되는 바다를 선박 3~4척이 수색하는 꼴이다. 산꼭대기에서 산 아래에 있는 가방 찾기와 다르지 않다. 위성도, 심해 수색 장비도 갖추고 있지만 사용하지 않는다."(실종자 가족)

비상대책반 담당 부서인 외교부는 실종자 가족에게 정례 브리핑을 제공하겠다고 했지만, 어느 날 갑자기 '특이 사항이 있을 때 하겠다'고 통보해 왔다. 실종자 수색 상황실 공간도 정부가 아니라 선사가 마련하도록 했다. 그나마도 선사는 5월 초 사무실 임대 계약이 끝났다며 퇴거를 통지했다.

결국 새 대통령이 당선한 2017년 5월 9일, 외교부는 카카오톡 메시지로 실종자 가족 대표에게 수색 종료를 일방적으로 통보했다.

선사는 회사 경영을 이유로 수색에 투입했던 자사 선박들을 일방으로 철수시켰다. 그러면서 실종자 가족들에게는 "특별 위로금"을 꺼내 들었다. 아직 실종자들의 생존 가능성에 희망을 걸고 있는 가족들을 '유가족' 취급하며, 수색을 중단하는 대신 보상금 협상을 하자는 것이었다.

세월호 유가족들이 외쳤던 "생명보다 돈이 먼저냐"는 절규가 또다시 스텔라데이지호 실종자 가족들의 입에서 터져 나왔다.

"잘못이 있다면 처음부터 정부를 믿은 거겠죠. 책임지려는 사람은 아무도 없고 피해자만 있어요." 황교안 정부에게 잔인하게 버림받은 실종자 가족들은, 문재인이 대통령 후보 시절 "당선하면 스텔라데이지호 문제를 최우선 과제로 다루겠다"고 한 약속에 기대를 걸었다.

그러나 2017년 5월 26일 대통령 면담 요청 민원을 전달하려고 청와대를 찾은 실종자 가족들은 경찰 100여 명에게 가로막혔다.

이날 기자회견에서 스텔라데이지호 선원 가족협의회 공동대표 허경주 씨(실종 선원 허재용 씨의 누나)는 분통을 터뜨렸다.

> 저희는 (정부의 관계 부처 합동 브리핑에서) 실종자 가족들의 [요구] 사항 10가지를 제출했지만 정부 부처들은 단 한 개의 답변도 준비해 오지 않았[습니다.] … [그런데도] 정부는 집중 수색은커녕 선사에 대한 압수수색을 진행하면서 초점 흐리기를 시도하고 있습니다.

4·16가족협의회 심리생계지원분과장 '재욱 엄마' 홍영미 씨가 연대 발언을 했다.

> 세월호 참사의 교훈을 배우지 못했기 때문에 스텔라데이지호 사

고가 발생했다고 생각합니다. … 박근혜와는 다르리라고 믿는 현 정부에게 요구합니다. 지금이라도 조속히 구조 수색 작업의 책임을 다하십시오. 피해자의 목소리에 귀를 기울여야 합니다.

경찰들 앞에 가로막히자 한 실종자 가족이 오열했다.

문재인 대통령을 만나게 해 주세요. 김정숙 여사라도 만나게 해 주세요. 여사도 아들을 키우시니 제 마음을 알 거잖아요. 내 아들은 26살밖에 안 됐습니다. 내 목숨을 내놓을 테니 아들 좀 찾아 주세요.

침몰 1년을 맞아 열린 2018년 3월 26일 기자간담회에서 스텔라데이지호 가족대책위원회 공동대표 허경주 씨는 "1호 민원이라는 타이틀과는 다르게 아무것도 진전하지 못했다"고 비판했다.

가족들은 심해 수색으로 블랙박스를 회수해서 참사 당시의 상황을 정확히 파악해야 한다고 요구해 왔다. 그래야 선사인 폴라리스쉬핑을 처벌하고 재발 방지 대책을 세울 수 있기 때문이다.

그런데 2018년 예산안 통과 과정에서 스텔라데이지호 심해 수색 장비 투입 예산은 제외됐다. "선례가 없다"는 이유였다. 가족대책위 공동대표 허영주 씨는 "국회의원 100명을 일일이 만나 설득했을 때는 다들 동의했는데 막상 예결산위원회가 열리자 제대로 된 이유 없이 예산이 없어졌다"며 울분을 터트렸다.

예산 삭제 결정에는 자유한국당뿐 아니라 민주당 의원들도 동의했다. 허영주 씨는 이렇게 말했다. "[정부는] 선례를 안 남기려고 한다. [해상] 사고가 날 때마다 심해 수색 장비 투입 요청이 계속 들어올 수 있다. 정부에게는 앞으로 안전사고가 안 날 거라는 자신이 없다. 스텔라데이지호랑 똑같이 위험한 배가 한국에 27척 더 있고 관리도 안 되고 있[기 때문이]다."

실제로 지난해 6월 30일 해수부는 폴라리스쉬핑이 소유한 노후 선박들을 검사했지만 '아무 문제 없다'는 결론만 내놨다. 그런데 3개월 뒤 폴라리스쉬핑은 노후 선박 3척을 알아서 폐선했다. 그만큼 선박들의 상태가 심각했다는 증거다.

2013~2016년에 스텔라데이지호처럼 유조선을 광석선으로 개조한 배 52척에서 총 1088건의 결함이 신고됐고, 이 중 43.1퍼센트가 폴라리스쉬핑이 소유한 개조 노후선 19척에서 발생했다는 보도도 나왔다(영국 〈로이드 해사일보〉).

예산 삭제 결정 후 가족들이 항의한 끝에, 정부는 예비비 범위 내에서 심해 수색 장비를 투입하는 방안을 논의 중이다. 그런데 정부는 장비 투입의 목적을 "침몰 선박의 위치 및 상태 확인"으로 제한하고 있다. 가족들이 핵심적으로 요구해 온 블랙박스 회수가 빠져 있다.

허경주 씨는 부실한 조사 결과가 '최종 해결'처럼 알려질까 봐 우려한다. "배 마크를 사진 찍어서 올라오는 게 무슨 의미가 있나? 정부가 대단한 걸 해 주는 것처럼 언론 보도가 나가겠지만 현실은 가족들과 조율이 안 된 것이고, 가족들이 피땀 흘려 싸워야 한다."

문재인 정부는 재난 대처와 안전 문제를 최우선 과제로 삼겠다고 했다. 그러나 눈앞의 피해자들을 외면하면서 어떻게 안전한 사회를 만들 수 있다는 말인가? 수색 성공 가능성이 낮다고 여겨, 수색에 투입될 돈과 행정적 노력을 아까워하는 것은 아닌가?

문재인 정부는 말로만 '안전 사회', '세월호 참사의 교훈' 운운하지 말고 스텔라데이지호 실종 선원 가족들의 목소리부터 들어야 한다. 정확한 침몰 원인을 밝혀 선사를 처벌하고, 안전 규제를 대폭 강화해 노후한 개조 선박들의 운항을 지금 당장 금지해야 한다. 그것이 선사의 이윤을 침해하는 것일지라도 말이다.

또, 실종자 수색 재개에 필요한 예산은 물론 평범한 다수를 위한 공공 투자를 대폭 늘려야 한다.

2018년 2월 말에는 스텔라데이지호 침몰 주변 해역에서, 스텔라데이지호보다 예전에 침몰했던 다른 배의 구명보트가 온전하게 발견된 바 있다. 보트 안에 가벼운 페트병이나 구명조끼가 그대로 남아 있을 정도였다. 가족들은 같은 해역을 표류하고 있을 스텔라데이지호 구명정도 이런 온전한 상태일 수 있다며, 즉각 재수색을 촉구하고 있다.

가족이 살아 있을지도 모른다는 "0.1퍼센트의 가능성"을 간절히 기다리고 있는 실종 선원 가족들은 하루하루가 끔찍하게 아까울 것이다. 정부는 가족들의 간절한 바람을 더는 외면하지 말라.

밀양 세종병원 화재, 제천 스포츠센터 화재, 영흥도 낚싯배 침몰 …

'참사'의 단어 뜻대로 '비참하고 끔찍한 사고'가 하루가 멀다 하고 일어난다. 2018년 1월 26일 밀양 세종병원에서 대형 화재가 발생해 사망자 39명을 포함해 사상자 190명이 발생했다. 2017년 12월 21일 사망자 29명과 부상자 수십 명을 낳은 제천 스포츠센터 화재 사고가 발생했고, 2017년 12월 3일에는 인천 영흥도에서 낚싯배가 침몰해 15명이 사망했다. 2017년 3월 31일 남대서양에서 침몰한 스텔라데이지호 실종자 가족들의 싸움도 계속되고 있다.

흔히 수많은 참사들이 개인의 과실이나 대비할 수 없는 우

출처: 김승주, 〈노동자 연대〉 234호(2018-01-08)를 일부 수정.

2017년 12월 21일 발생한 제천 스포츠센터 화재 사고. 비용 줄이기와 부족한 안전 투자가 낳은 또 하나의 참사였다. ©제공 제천소방서

연 또는 천재지변의 탓으로 돌려진다. 그러나 각 참사의 구체적 조건은 다 다를지라도 그 이면에는 분명히 반복되는 패턴이 있다.

기업은 비용을 줄이려고 안전 규제를 어긴다. 국가 관료들은 뇌물을 받고 불법을 눈감아 준다. 안전에 대한 국가의 공공 투자도 슬금슬금 줄어든다. 결국 참사가 터진다. 정부는 참사 피해자나 그의 가족에게 보상금을 쥐여 주고 사태를 덮기에 바쁘다. 처벌은 말단 직원에게 쏠린다. 고위 책임자일수록 현장과 멀리 떨어져 있었다는 이유로 책임을 덜 진다. 언론의 관심이 사그라진다. 그 이후로도 항의하는 피해자 가족은 손가락질 받는다. 머지않아 비슷한 참사는 또 발생한다. …

이처럼 반복되는 참사에는 그것을 관통하는 구조적 원인이 있다.

2014년에 발생한 세월호 참사는 안전 규제를 완화하고 공공 투자를 삭감해 온 이명박·박근혜 정부 책임이 크다. 특히 선박 안전 관련 규제는 2009년 해상운송사업법 시행규칙 개정을 시작으로 눈에 띄게 풀렸다.

박근혜 정부는 참사 이전과 다름없이 친기업 정책을 지속하기 위해 참사의 진상 규명을 가로막는 등 사람들의 기억 속에서 세월호를 지워 버리려 했다.

문재인 정부는 '세월호 적폐'를 청산하겠다며 등장했다. 하지만 그 적폐의 핵심인 규제 완화와 공공 투자 삭감 문제는 그대로다. 문재인 정부는 약속했던 전국 5곳 권역 특수구조대 설치를 안 하고 있는데, 인천에 특수구조대가 있었다면 영흥도 낚싯배 사고의 인명 피해를 줄일 수 있었을 것이다.

제천 화재 사고 이후 소방 인력 부족 문제가 크게 제기됐다. 제천은 충북도 안에서도 특히 구조대원과 구급대원의 수가 부족하다. 사고가 동시다발로 나면 사실상 대처가 불가능할 지경이다. 하지만 2018년 정부의 공무원 증원 예산에서 가장 많이 배정된 것은 소방·구조 인력이 아니라 경찰이었다.

과거 민주당 정부는 달랐을까? '안방의 세월호'라 불린 가습기 살균제가 정부 허가를 받고 출시된 시기가 김대중·노무현 정부 때였다. 1999년 씨랜드 청소년 수련원 화재 사고, 2003년 대구 지하철 화재 사고 등 민주당 정부 시절에도 대형 참사는 끊이지 않았다.

왜 그럴까? 민주당도 (이 나라 지배계급의 제2선호 정당이긴 해도) 자유한국당과 마찬가지로 자본가계급에 기반한 친자본주의 정당이기 때문이다.

많은 사람들이 대형 참사의 원인으로 신자유주의를 주목한다. 실제로 지난 30~40년간 전 세계 국가들은 너 나 할 것 없이 민영화, 규제 완화 등 신자유주의 정책을 추진했다. 그러므로 이 지적은 일리가 있다.

그러나 신자유주의는 어느 날 갑자기 나타난 새로운 것이 아니다. 신자유주의는 경제 위기에 대응해 더 노골적으로 노동자를 쥐어짜려는, 자본주의의 최근 모습일 뿐이다.

마르크스는 자본가들의 비인간성과 탐욕스러움 이면에는 그렇게 될 수밖에 없는 객관적 환경이 있다고 봤다. 자본주의의 근본 동학은 경쟁적 자본 축적이다.

자본주의에서 자본가들은 노동계급을 쥐어짜고 저항에 맞설 때는 단결해도, 서로 더 많은 이윤을 획득하려고 피 튀기게 경쟁한다. 그래서 카를 마르크스는 이들을 "서로 싸우는 형제들"이라고 표현했다.

자본가들이 벌이는 이윤 경쟁은 끝없이 계속된다. 이윤을 벌어들이면 더 많은 이윤을 벌어들이기 위한 다음 투자에 즉각 나서야 한다. 경쟁에서 이기려면 더 많은 이윤을 차지해야 할 뿐 아니라 더 효율적으로 그렇게 해야 한다. 수익성도 경쟁하는 것이다. 그러니 끊임없이 비용 절감 경쟁도 벌인다. 이런 경쟁에서 패배하는 자본가는 도태되고 파산한다. 이 세계는 경쟁자보다 더 탐욕스럽고, 더 이기적이고, 더 잔인할수록 승자가 되기 쉬운 세계인 것이다.

그런 이윤 경쟁 속에서 평범한 다수의 안전과 생명을 위한 투자(자원 배분)는 너무도 쉽게 우선순위에서 뒤로 밀려나게 된다. 따라서 노동과정에서든, 공공시설 이용에서든, 주거 환경에서든 안전은 계급의 삶의 문제이기도 하다(돈과 권력을 가진 자들의 생활 공간은 위험한 '서민들의' 공간으로부터 대개 떨어져 있다).

국가가 이런 자본주의를 규제하거나 그 속성을 억제할 수 있을까? 단기적으로는 그럴 수 있을지도 모른다. 그러나 궁극으로 국가는 자본주의 경제에 근본적 제약을 가하지 못한다. 자본가들은 국가 운영에 필요한 수입의 핵심을 제공한다. 자본가 계급의 착취와 자본 축적이 성공하지 못하면 국가의 힘도 약해질 수밖에 없다. 국가 관료들 자신이 자본가들과 인적으로 밀

접하게 연결돼 있기도 하다. 따라서 국가(국가 관료나 선출된 정치인)가 자본가들 일부와 갈등할 때가 있긴 하지만, 자본 축적의 필요를 거스르는 데에는 명백한 한계가 있다. 최근 세계적 경제 침체가 길어지면서 오히려 각 국가들은 자본가계급의 이해득실에 매우 빨리 반응하고 있다.

따라서 대형 참사를 우파 정권이나 신자유주의 정책의 문제로만 협소하게 봐선 안 된다. 대형 참사는 근본적으로 자본주의의 우선순위('생명보다 돈') 문제다.

선진국도 앞서 말한 자본주의의 근본 원리를 공유한다. 그래서 그곳에서도 비용 절감 논리가 끊임없이 대형 참사를 낳는다. 2017년 6월에 발생한 런던 그렌펠 타워 화재 사고, 철도 민영화가 낳은 1998년 독일 에셰데역 사고, 2005년 미국 뉴올리언스를 덮친 카트리나 허리케인 참사, 1986년 체르노빌 핵발전소 참사, 2011년 일본 후쿠시마 핵발전소 참사 등. 선진 자본주의 국가들의 정부라고 해서 이런 사건들에 대한 대응이 한국과 크게 달랐던 것도 아니다. 오히려 매우 비슷했다.

우리는 자본주의가 유일하게 제대로 돌아가는 경제체제라고 교육받는다. 하지만 그 '제대로 된' 체제에서 평범한 노동계급은 '오늘은 아닐 거야', '나는 아닐 거야' 하면서 참사의 '지뢰밭' 위를 걸어 다닌다.

교과서와 미디어의 가르침과는 달리, 반복되는 참사를 끝장

내려면 미쳐 버린 자본주의 체제에 도전해야 한다. '돈보다 생명'인 사회를 바라는 사람들이 반자본주의적 관점으로도 나아가야 하는 이유다.

문재인 정부와 세월호 운동

박근혜 퇴진 이후 세월호 운동도 변화를 겪고 있다. 우선 세월호가 인양됐고, 기간제 교사 순직 인정 요구가 성취됐다. 문재인이 유가족을 청와대로 초청해 부둥켜안고 눈물을 흘리며 진상 규명을 약속하기도 했다. 세월호 참사를 기록한 첫 정부 '백서'가 내년에 나온다. 이제 대통령인 문재인과 국가 고위 관료들도 노란 리본을 달고 다닌다. 박근혜 정부였다면 상상하기 어려웠을 것이다.

문재인 정부 등장으로 세월호 운동의 일각에는 이제까지와는 다른 그림이 그려질 것이라는 기대가 있다. 유가족들은 적어도 박근혜처럼 진실 은폐를 위한 도발은 없을 것이라 기대한다.

출처: 최영준, 〈노동자 연대〉 235호(2018-01-10).

끔찍한 3년이 이제 막 끝나고 (부수적이지만) 퇴진 운동의 결과로 탄생한 정권이니 좀 더 지켜보자는 생각도 꽤 존재한다.

세월호 운동의 골간인 기층 활동도 더는 기존 방식으로 운영하지 않는다. 최근, 전주 남문에 설치했던 세월호 진상 규명 책임자 처벌 시민농성장을 1199일 만에 자진 철거했다. 이제 광화문광장을 제외하곤 농성장은 없다. 세월호 참사 이후 전국 각지에 만들어진 세월호 지역 모임들도 서서히 활동을 중단하고 있다.

2014년 4월 16일 세월호 참사 이후 계속돼 온 세월호 운동은 한 국면이 끝나고 새로운 국면이 도래한 듯하다. 하지만 이런 변화가 우리가 원하는 진상 규명과 책임자 처벌 그리고 안전 사회로 가는 징조일까? 좀 더 자세히 들여다볼 필요가 있다.

정부가 제작하는 백서는 참사의 주범 중 하나인 해수부가 작성한다. 해수부는 논란이 될 수 있는 참사 원인을 백서에 포함하지 않기로 했다. 문재인은 진상 규명과 책임자 처벌을 약속했지만 정부 직속 조사위원회 설립 약속을 어겼고, 사회적 참사 특별법은 박근혜 정부 때와 마찬가지로 부르주아 정당들 간 합의로 누더기가 돼 통과됐다. 문재인은 참사의 핵심 책임자들을 승진시켰다.

요컨대, 바뀐 것은 있으나 실질적 변화는 아직 요원하다. 세월호 운동에 능동적 일부로 참가한 이들이라면 지난 세월호 운동이 얻은 성과와 약점을 돌아보고, 변화된 조건 속에 어떻게 싸울지를 내다봐야 한다.

반박근혜 운동의 구심

2014년 4월 16일 세월호 참사는 그 자체로 폭발적 쟁점이었다. 배가 뒤집힌 것도 황당했지만 구조 과정은 더 황당했다. 박근혜 정부는 거짓과 은폐 시도를 반복했고, 새누리당과 민주당은 유가족의 의견을 무시한 채 누더기 특별법 제정을 서둘렀다. 그뿐 아니라 세월호가 제주 해군기지 건설용 철근을 운반했음이 드러났고, 국정원 개입 의혹이 불거졌으며, 안전 규제 완화와 정경유착 등등이 끊임없이 폭로됐다. 그야말로 자본주의 이윤 체제가 낳은 문제와 박근혜 정부의 무책임·부패까지 결합된 종합세트였다.

이는 세월호 참사의 근본적 해결을 위해서는 자본주의의 이윤 지향 체제와 이 체제를 수호하고 대변하려는 국가권력에 맞서 투쟁해야 함을 보여 준다. 지난 3년간 세월호 운동은 그 가능성을 보여 줬고, 이미 박근혜 정부에 맞서 온 노동운동과 함께 진진했다.

2013년 하반기 전교조의 규약시정명령 거부, 철도 민영화 반대 파업 등이 이어지면서 박근혜 정부에 맞선 노동자들의 저항이 시작됐고, 이들은 2014년 세월호 운동에도 동참했다. 의료 민영화 저지 투쟁을 해 온 보건 노동자들도 병원의 '세월호'인 의료 민영화 문제를 제기했다. 1년 동안 100만 명도 못 미쳤던 의료 민영화 반대 서명에 세월호 참사 이후 두 달 만에 200만 명이 동참했다. 세월호 운동과 의료 민영화 반대 투쟁이 만나자 의료 민영화 추진이 일단 멈췄다.

2015년 세월호 운동은 조직 노동자들의 투쟁과 결합하면서 정치적 투쟁으로 전진했다. 당시 박근혜 정부는 세월호 특조위를 무력화하려고 특별법 시행령을 쓰레기처럼 만들려다가 큰 반발을 불렀다. 이 무렵 민주노총 한상균 집행부 등장 이후 첫 민주노총 파업이 벌어졌다. 여기에 박근혜 정부의 부패 추문('성완종 게이트')이 폭로되면서 박근혜는 정치적 위기를 맞이했다. 결국 정부는 시행령 발표를 세 차례나 미룰 수밖에 없었다.

당시 박근혜 지지율은 리얼미터와 한국갤럽 조사 모두에서 최초로 30퍼센트대로 떨어졌다. 한국갤럽 조사에서는 대구·경북 지지율의 하락 폭이 가장 컸다. 비록 시행령 폐기 투쟁은 당장의 요구를 성취하지는 못했지만 박근혜 정부에 맞선 정치적 항의 시위였고, 세월호 운동은 반박근혜 정서의 구심이 됐다.

이 과정에서 미조직 청년들의 참가가 늘어났고, 세월호 참사와 운동은 젊은 세대의 정치적 급진화의 계기가 됐다. 세월호 유가족들도 급진화했다. 유가족들은 집회 연단에서 박근혜를 규탄하고 민주노총 총파업을 공개적으로 지지했다. 일부 유가족은 좌파인 노동자연대가 주최하는 '맑시즘' 포럼에 연사로 와서 세월호 참사가 자본주의 체제의 문제이고 진상 규명과 책임자 처벌을 위해 민주노총 파업과 연결돼야 한다고 주장하기도 했다.

무엇보다 세월호 운동은 박근혜 퇴진 운동의 밑거름 구실을 했다. 전명선 4·16가족협의회 운영위원장은 "세월호 특별법 천만 서명 운동이 천만 리본 나눔이 되고 결과적으로 천만 촛불이 됐어요"라며 세월호 운동이 박근혜 퇴진 운동 점화에 한몫했음을 뿌듯해했다. 퇴진 운동은 세월호 참사 해결을 긴급한 대중의 요구로 부각했다.

비록 '세월호 7시간'이 박근혜 파면 사유에서 제외됐지만 세월호 운동이 제기한 박근혜 구속은 현실화됐다. 유가족들은 청와대 앞까지 행진하며 기쁨의 눈물을 흘리기도 했다. "청와대 앞 100미터까지 행진"을 하며 "여기까지 오는 데 그렇게 오래 걸렸구나. … 가족들이 참 많이 울었어요."(전명선 4·16가족협의회 운영위원장)

지난 3년 동안 정부의 진실 왜곡에 항의해 노숙 농성을 하며 보낸 시간에 대한 보상과도 같은 기쁨이자 승리였다.

이제까지 세월호 운동은 여러 굴곡이 있었지만 박근혜에 맞서 투쟁하는 이들을 불러 모으면서 조금씩 전진했다. 완전하지 않지만 어느 정도 진상 규명도 됐다. 세월호 운동은 유가족의 강력한 의지와 (불충분하나마) 노동운동이 일정하게 결합하며 전진했고, 반박근혜 정치투쟁으로 발전했다. 그리고 정부에 맞선 아래로부터의 운동이 건설·강화되면서 참가자들의 사기도 올라갔다.

민주당 의존

한편, 세월호 운동에서 주요한 구실을 한 NGO 등 온건 개혁주의 리더들은 민주당으로부터 독립적이지 않았다.

문제는 민주당이 운동에 한 발 걸치는 듯하면서 운동의 발목을 잡는 구실을 했다는 것이다. 이들은 매번 결정적 순간에 새누리당과 공조해 뒤통수를 쳤다. 이것은 민주당이 기본적으로 기업주들에 기반해 국가 운영을 목표로 하므로, 운동이 자신의 통제를 벗어나 체제나 국가에 도전하도록 발전하는 것을 허용치 않으려 하기 때문이다. 그래서 이들은 집권 후에도 이전 우파 정권이 하던 짓을 그대로 추진하거나 국회에서 구여권 세력과 공조해 여러 악법을 통과시키기도 한다. 자본주의의 효율적 운영을 위해 기업주들의 이익을 대변한다는 점에서 공통

점이 있는 것이다.

이 때문에 위로부터의 개혁을 중시하는 온건파 리더들이 민주당에 기대려는 태도는 여러모로 문제를 낳았다.

2014년 참사 직후에는 박근혜 정부에 대한 분노가 6월 4일 지방선거에서 투표로 반영되길 바랐다. 그런 바람 자체는 문제가 아닐 수 있지만, 그것을 위해서 이들은 민주당에 대한 비판을 삼가도록 세월호참사국민대책회의 안팎에서 압력을 넣었다.

그해 여름에는 새정치연합 원내대표 박영선이 세월호 집회 연단에서 (세월호대책회의의 공식 요구였던) 수사권·기소권 있는 특별법을 쟁취하는 게 가능하지 않다며 기소권을 뺀 안으로 협상하겠다고 했음에도 (당시 사회자를 비롯해 세월호 운동의 온건파 리더들은) 비판을 아예 삼갔다. 명백히 유가족의 요구를 무시하는 것인데도 그랬다. 이후 국회의원 재보궐 선거에서 민주당이 승리하지 못하자 온건파 리더들은 도리어 유가족들에게 수사권·기소권 포기를 설득했다. 이들은 세월호 운동 3년 내내 이런 관점을 유지해 왔다.

운동의 초점을 진상 규명 특별법 제정으로만 한정한 것은 운동 참가자들의 시야를 국회 안 협상으로 가두는 효과를 냈다. 당연히 여야 간 협상이 주된 장이 되며 운동 참가자들의 수동적 태도를 강화하게 됐다. 나중에 민주당 국회의원이 되는 박주민 변호사가 당시 세월호 유가족과 야당을 잇는 구실을 했다.

한편, 노동운동의 온건파 리더들은 '개인으로 참가하라', '조끼 입지 마라' 등을 요구했다. 노동계급이 이 운동의 주된 참가자들인데도 주도적 구실을 하지 못하게 한 것이다.

2014년 민주당은 이런 틈새를 이용해 유가족 뒤통수를 치며 반쪽짜리 특별법에 합의했다. 그런데 온건파 주요 리더들은 특조위 구성과 운영 과정에 개입하려고 오히려 민주당과 공조를 강화했다. 유가족과 세월호 운동 참가자들은 정부와 특조위 운영 과정을 지켜보는 수동적 존재가 됐다.

특별법을 통한 진상 규명에 시야를 한정해 그것의 정당성만 강조하다 보니, 이미 밝혀진 것들을 가지고 책임자 처벌 등을 요구하는 것으로 나가지 못하고 자꾸 밝혀진 것이 없다고만 강조하게 됐다. 음모론이 계속 운동 한쪽에서 똬리를 튼 것도 이와 연관 있다고 할 수 있다.

그럼에도 2015년 세월호 운동은 다시금 대중적 항의 행동으로 부상했다. 박근혜의 도발 때문이었다. 박근혜는 반쪽짜리 특별법조차 무력화시키려 이른바 쓰레기 시행령을 내놨다. 이에 유가족들은 삭발까지 하고 청와대 행진을 시작했다. 세월호 운동은 박근혜를 정면으로 겨냥했고 사람들을 다시금 광장으로 불러 모았다. 투쟁은 1년 전보다 훨씬 격렬했다. 박근혜 정부에 대한 분노가 차곡차곡 쌓이고 있음을 보여 준 것이다.

당시 세월호 특별법 시행령 폐기 투쟁과 부분적으로 결합됐던 민주노총 4월 파업이 충분히 더 크고 충분히 강력했다면 세월호 시행령 폐기 투쟁의 결과도 달라졌을 수 있다. 광화문광장에서 유가족과 민주노총 한상균 위원장이 경찰의 차벽을 뚫고 만나자 수만 명의 참가자들이 "총파업"을 연호하기도 했다.

안타깝게도 민주노총 파업에서 이윤에 타격을 줄 수 있는 노동계급 고유의 힘은 발휘되지 않았다. 공무원연금 개악에 대한 당시 공무원노조 위원장 이충재의 배신에 적절하게 대응하지 못하면서 파업은 5월 초에 마무리됐다. 민주노총 지도부는 박근혜의 정치적 위기를 이용해 투쟁을 확대시키지 못했다. 박근혜는 노동자 투쟁이 마무리되자 곧바로 국무회의에서 시행령을 통과시켰다.

그런데 민주당은 공무원연금 개악에는 새누리당과 합의하면서 시행령은 일부 수정을 요구하는 식으로 세월호 운동과 노동운동을 떼어 놓으려 노력했다. 물론 이조차 박근혜의 완강한 거부로 흐지부지 끝났지만 이들이 전혀 믿을 만한 세력이 못 된다는 점이 다시금 확인됐다.

2016년 박근혜는 특조위 강제 해산이라는 도발을 또다시 시도했지만 민주당은 이를 진정으로 막으려 들지 않았다. 총선에서 여권 심판론의 근거로만 삼았을 뿐이다. 온건파 리더들도 특조위원들 응원하기와 민주당과 새로운 특별법 제정 공조에 무게중심을 두고는 (민주당이 불편해할 수 있는) 대중적 항의를 조직하려 하지는 않았다.

박근혜 정부의 여당은 노골적 방해 세력이었기에 유가족과 세월호 운동의 리더들은 이들과는 별로 타협의 여지가 없었다. 부분적으로는 그런 투쟁의 결과로 정권이 바뀌었다.

바뀐 정부 아래서 세월호 운동의 주요 리더들과 일부 유가족은 문재인 정부가 성공해야 진상 규명과 책임자 처벌이 가능하다고 여기는 듯하다. 일부 유가족들도 2기 특조위 방해 세력은 여당이 아니라 구여권인 야당이라며 민주당의 문제점에는 침묵한다. 문재인이 참사의 주범을 승진시키고, 해수부가 미수습자 유해를 은폐했는데도 정부로 비난의 화살을 돌리길 주저한다. 민주당이 누더기가 된 사회적 참사 특별법을 통과시켜 놓고 자화자찬할 때도 비슷한 태도였다. 박근혜 정부였다면 곧바로 항의 행동이 벌어질 법한데 말이다. 이는 세월호 운동이 당분간 과거와 달리 정부에 맞선 투쟁으로 폭발적으로 벌어지지 않을 수도 있음을 보여 준다.

하지만 "촛불 혁명"의 계승자처럼 행동하는 문재인 정부가 지난 6개월 동안 세월호 쟁점에서 보인 결과는 함량 미달이다. 최근 영흥도 낚싯배 사고 등 해상 사고에서 문재인 정부의 대처는 전임 정부와 별반 다르지 않았다. 이제 문재인과 민주당은 책임에서 자유로운 야당의 처지가 아니다.

따라서 세월호 운동은 정부와 독립적으로 행동하고, 요구를 삭감하거나 비판을 자제하면 안 된다. 오히려 비판을 삼갈수록 문재인 정부에게 올곧게 촛불의 염원을 이행하라고 하는 압력을 완화해 준다. 또 스스로 요구를 쟁취하기 위해 행동하며 의식을 발전시키는 일을 지체시키며, 이 운동의 지지자들을 수동화시키고 운동이 끝났다는 메시지를 줘서 오히려 필요할 때 힘을 발휘할 수 없게 만든다.

세월호 운동은 완전한 진상 규명과 책임자 처벌을 요구하고 쟁취할 자격과 잠재력이 있다. 혁명적 좌파는 이것이 발휘되도록 노동운동과의 결합을 추구하며 운동으로 나아갈 수 있도록 해야 한다.

4부

마르크스주의적 관점에서 본 자본주의 국가

끊임없이 되풀이되는 대형 참사

세월호 이전

세월호 참사는 결코 운 나쁜 사람들의 우연한 불행이 아니었다. 오히려 지금 이 글을 읽고 있는 우리가 운 좋게 살아남았다는 것이 진실에 가까울 것이다. 안전보다 이윤을 우선하는 자본주의 체제에서 참사는 반복되고, 위험은 우리 모두의 발밑에 잠복해 있다.

세월호 참사가 발생하기 8개월 전인 2013년 7월 18일. 태안 청소년 해병대 캠프에서 공주사대부고 학생 5명이 익사한 사고가 발생했다.

세월호 참사 희생자 고故 제세호 학생의 아버지 제삼열 씨는 이 소식을 텔레비전으로 아들과 보며 깜짝 놀랐다고 한다. 이 사고가 나기 바로 1주일 전에 당시 1학년 반장이던 제세호 학생을 포함한 단원고 학생들이 간부 수련회로 그곳에 다녀왔기 때문이다. '설마 내 아이에게 이런 불행이 닥치지 않겠지' 하고 제삼열 씨는 생각했다고 한다.

태안 해병대 캠프 사고 당시 상황은 이랬다.

교관은 "수영 한번 하자"며 학생들을 10명씩 줄을 세우고는 뒷걸음치며 차례로 바다에 들어가게 했다. 학생들은 교관의 지시에 따라 구명조끼를 벗고 바다로 들어갔다. 이렇게 무방비 상태로 바다에 들어간 80여 명 중 20여 명이 파도에 휩쓸렸고 바다 아래 갯벌의 깊은 웅덩이인 '갯골'에 빠져 버린 것이다.

갯골에 빠진 학생들은 허우적대면서 현장에 있던 교관 둘에게 살려 달라고 소리쳐 애원했다. 하지만 교관들은 그저 호각을 불어 대면서 빨리 나오라고 재촉만 했다. 구조는 뒤쪽에 있던 다른 학생들이 서로 손을 연결해서 했다. 그러나 학생들의 이런 노력에도 불구하고 5명은 끝내 나오지 못하고 실종됐다.

교관들은 5명이 사라졌다는 학생들의 말도 믿지 않았다. 그 5명은 숙소에 가 있을 거라면서 숙소를 찾아보게 했다. 구조의 골든 타임이 흘러가고 있었다. 교관들은 사고가 난 지 30분이 지난 후에야 해양경찰에 신고했다. 결국 5명 모두 시신으로 가족 품에 돌아왔다.

이 지역은 애초에 수영 금지 구역이었다. 주변 지역 주민들이 수영 활동을 말렸을 정도다. 주민들이 캠프 관계자들에게 사고 위험성을 수차례 알렸지만 캠프 측은 무시했다. 경찰 조사에서 해병대 캠프 훈련본부장은 사고 해역의 물살이 거세고 갯골이 있어서 해상 훈련 장소로 매우 위험하다는 사실을 사전에 인지하고 있었다고 시인했다.

이 때문에 태안군청과 해경의 허술한 관리 감독도 도마에 올랐다. 하지만 경찰은 시간과 인원 부족을 이유로 수사선상에서 제외했다. 이 사고의 책임 묻기는 2차 하청업체 선에서 끝났다. 정부 책임도 도마 위에 올랐다. 공주사대부고에게 이 업체를 추천한 것이 바로 정부(조달청)였기 때문이다.

더 근본적으로 보면, 군대식 극기 훈련 캠프를 부추긴 것이 바로 정부였다. 정부는 천안함, 연평도 사건 등이 연이어 일어나던 2010년, 안보 교육을 강화한답시고 학생들의 병영 체험을 적극 추천했다. 이에 따라 충남교육청은 일선 시군교육청에 매년 관련 예산 수천만 원을 지원했고, 육군과 MOU(양해각서)를 체결하기도 했다. 이런 지원이 돈에 눈먼 사설 병영 캠프 사업 확장에 기여했음은 물론이다.

그러나 이 사고의 책임은 누가 졌을까? 3차 하청업체 소속의 아르바이트생 교관들이 받은 징역 2년 6개월이 최고형이었다. 공주사대부고와 계약을 맺은 업체인 한영티앤와이와 1차 하청업체 케이코오롱트래블은 1심의 유죄 판결에 불복해 항소해서

2심에서 업무상 과실치사 혐의에는 무죄를 받았고, 유스호스텔 대표만 수상레저안전법 위반으로 징역 6개월을 선고받았다.

사고 당시 원청업체인 한영티앤와이의 이사였던 직원은, "위험하게 교육한다"는 평판을 받던 하청업체와 계약한 이유에 대해 아주 간단하게 말했다. "돈 때문이죠. 우리가 지불해야 하는 비용이 싸니까 …"

사고 이후 케이코오롱트래블은 아무런 제재도 받지 않은 채 중고생 수학여행을 주요 상품으로 내세우며 계속 영업을 했다. 2017년 4월 현재도 케이코오롱트래블 웹사이트에는 "교육 여행 1등 여행사"라는 홍보 문구가 버젓이 걸려 있다. 2016년 12월에는 서울시 교육청으로부터 안전 협력업체로도 선정됐단다. 그새 안전 의식이 투철해진 것일까? 하지만 그렇게 보기엔 그간 반성한 흔적은 전혀 없다.

서해훼리호 침몰 사고

한편 21년 전, 고故 임세희 학생의 아버지 임종호 씨는 서해훼리호 침몰 사고 당시 피해자 유가족들을 진압하는 의경이었다. 임종호 씨는 필자에게 당시 이야기를 해 주면서 "이런 일이 나에게 일어날 줄은 꿈에도 몰랐다"고 했다.

서해훼리호 사고는 1993년 10월 10일 전북 부안군 임수도 근해에서 벌어졌다. 221명이 정원인 100톤짜리 작은 배에 총

362명이 탔다. 여기에 새우액젓 600통, 자갈 7톤 등 화물도 규정을 초과해 실려 있었다. 날씨도 안 좋았다. 기상청은 "파고가 높고 강풍이 불며 돌풍이 예상된다"고 경고했지만 위도에서 육지로 나갈 수 있는 유일한 교통수단이었던 서해훼리호는 운항을 멈출 수 없었다.

이 노선은 농어촌 버스처럼 정부로부터 보조금을 받고 겨우겨우 운영하는 노선이었다. 전북 위도 주민들은 운항 횟수를 늘려 달라고 줄기차게 탄원을 넣었다. 하지만 정부는 예산 부족을 이유로 보조금을 폐지해 버렸다. 이 때문에 서해훼리호는 사채와 은행 대출로 운영되고 있었다. 당연히 안전에 투자할 돈은 우선순위가 아니었다.

세월호 참사와 마찬가지로, 서해훼리호는 출항 직전 한국해운조합 운항관리사에게 승선 인원과 출항 신고 등을 하게 돼 있는 규정을 어겼다. 참사 직후 인명 구조에 가장 적극적이었던 것도 해경이나 119 구조대가 아니라 어선들이었다. 해경은 사고 발생 5분 만에 신고를 받고도 30분 뒤에야 헬기를 출동시켰고 경비함정은 1시간이나 지나서 현장에 도착했다. 언론들은 배 근처에서 짐과 쓰레기에 뒤섞여 둥둥 떠다니는 시신들의 모습을 모자이크 처리 없이 방송에 내보냈다.

사고 이후 몇몇 공직자에 대한 문책 인사가 이어지고 김영삼 정부는 어떤 일이든 할 듯이 언론에 대고 말했다. 그러나 MBC

〈PD수첩〉은 정부 관계자들이 배보상을 요구하는 유족들에게 "법정에 가 봤자 유족들이 질 게 뻔하다"고 협박한 사실을 폭로했다. 정부 당국의 안일한 태도에 항의해 유가족 500여 명이 공설 운동장 앞 4차선 도로를 점거하고 밤늦게까지 항의 농성을 벌였을 때 경찰의 응답은 전·의경 4개 중대를 풀어 유가족을 진압하는 것이었다. 당시 사진을 보면 세월호 유가족들의 항의 모습과 정말 많이 닮아 있다.

이 사고의 책임자 처벌은 어땠을까? 군산해운항만청 계장과 (주)서해훼리 상무는 선박 검사를 부실하게 했다는 죄목으로 업무상 과실치사 혐의로 기소됐지만 끝내 집행유예 판결을 받았다. 형사 처벌은 이게 끝이었다.

참사는 바다와 육지를 가리지 않았다

1995년 6월 29일 서울 도심 한복판에서 건물 하나가 폭삭 무너져 내렸다. 삼풍백화점 붕괴 참사다. 이 사고로 무려 502명이 사망했다.

붕괴의 원인은 총체적 부실시공이었다. 삼풍건설산업은 매장을 추가로 확보하려고 마구잡이로 벽을 없앴는데, 이 때문에 기둥이 견뎌야 할 하중이 커졌다. 애초 계획에는 지하에 설치하기로 했던 냉각탑을 지하 공간 확보를 이유로 옥상에 설치했고, 무리하게 확장해서 쌓아 올린 5층의 용도를 수시로 바꿨다. 불법이었다.

참사의 불씨는 에어컨을 옮기면서 발생했다. 북관 동쪽에 설치돼 있던 에어컨이 주변 아파트와 너무 가까워 소음 관련 민원이 들어오자 경영진은 에어컨을 북관 서쪽으로 옮기기로 결정했다.

이동 방식이 문제였다. 원래 크레인으로 들어서 옮기는 게 옳은 방법이지만 비용 절감을 명목으로 그냥 굴림대에 싣고 반대쪽으로 밀고 갔던 것이다. 그러자 옥상 바닥이 깨졌고 건물 전체에 균열이 가기 시작했다.

오전 9시, 5층에 있던 한 식당의 천장이 조금씩 내려앉았고 기둥에 20센티미터가량 금이 갔다. 삼풍백화점 대표이사 이한상은 오전 11시쯤 다른 임직원들과 5층 현장을 직접 눈으로 확인했다.

붕괴 약 2시간 전인 오후 4시, 임원회의실(당시 삼풍백화점 남관 3층)에서 회장 이준의 주재로 긴급대책회의가 열렸다. 이들은 대피 대책을 논의하지 않았다. 쟁점은 매장 폐쇄 여부였다. 회장 이준은 "큰 위험은 없으니 영업을 계속하면서 보수공사를 하자"고 최종 결정했다.

그러나 오후 5시 40분, 임원실 회의장으로 다급한 전화가 걸려 왔다. "현재 붕괴가 진행되고 있는 것 같다"는 보고였다. 이준 등 경영진은 회의를 중단하고 일제히 건물 밖으로 빠르게

도망쳤다. 그들이 대피하는 동안 백화점 매장에서는 1000명이 훨씬 넘는 손님과 종업원이 아무것도 모른 채 쇼핑과 영업에 열중하고 있었다. 그 순간에도 돈을 벌겠다고 백화점 1, 2층 영업을 강행했던 것이다!

붕괴 16분 전, 잠깐 잠잠한 듯하더니 갑자기 건물 붕괴에 속도가 붙었다. 건물 곳곳에서 우르릉 우는 소리가 들렸다.

붕괴 7분 전, 삼풍백화점 직원들의 고함이 터져 나오기 시작했다. "모두 긴급히 대피하라"는 소리였다. 그러나 지하에 있던 사람들 중 상당수는 듣지 못했다.

결국 오후 5시 57분 5층 바닥의 가장 약한 기둥 2개가 무너지며 옥상을 끌어당겼다. 곧바로 5층 바닥과 천장이 동시에 무너지기 시작했다. 5층의 잔해와 콘크리트가 아래층을 차례대로 무너뜨리기 시작했다.

그리고 약 20초 만에 건물은 지하 4층까지 완전히 무너졌다. 순식간에 건물 주변이 뿌연 먼지와 회오리바람으로 가득 찼다. 미처 피할 틈도 없이 1500여 명이 이 잔해 속에 묻혀 버렸다. 말도 안 되는 일이었다. 살려 달라는 간곡한 애원 소리, 피투성이가 된 채 잔해를 헤치고 나오는 사람 등 지옥 같은 아수라장이었다.

그러나 건물 붕괴 후 경찰서에서 조사를 받던 회장 이준은 기자에게 이렇게 말했다. "여보시오, 기자 양반! 백화점이 무너졌다는 것은 손님들에게도 피해가 가는 것이지만, 우리 회사의 재산도 망가지는 거야!"

이로부터 조금 더 거슬러 올라간 1960~1970년대에 또 다른 충격적인 건물 붕괴 참사가 있었다. 당시 한국에서는 엄청난 인파가 시골에서 도시로 향하는 이촌향도 현상이 일어나고 있었다. 사람들은 공장과 일자리를 찾아 도시로 도시로 모여들었다. 서울의 부동산 값은 치솟았고, 가난한 이들은 산과 들을 가리지 않고 무허가로 판잣집을 지어서 살았다.

아무런 기반 시설도 없이 갑자기 엄청난 인파를 맞이한 서울은 열악한 주거 환경의 판자촌을 끊임없이 늘리고 있었다. 저임금을 받으면서도 강도 높게 일할 노동인구를 원한 독재정권의 경제 부흥 시기였다. 서울은 노동자가 필요했지만 그들이 사람답게 살 집은 가지고 있지 않았다.

박정희는 별명이 '불도저'였던 당시 서울시장 김현옥에게 서민 아파트를 지으라고 명령했다. 눈앞에 보이는 성과나 속도가 과정보다 중요한 시기였다. 서울시장에게는 대통령에게 보일 거대한 성과가 중요했다.

마포구 와우산 자락에 아파트가 건설되기 시작했다. 준공식에 박정희 부부가 참석할 정도로 중요한 국가사업이었다.

총 19개 동 중 13~16동을 맡은 회사는 대룡건설이었다. 다른 업체가 그러하듯 대룡건설 역시 하청의 하청을 거듭했다.

업체를 선정하는 기준은 친분과 뇌물이었다. 공무원들까지 연계된 비리의 고리는 공공연한 비밀이었다.

공사는 날림이었다. 1개 동에 1200만 원의 비용이 쓰여야 했지만 실제로는 600만 원밖에 사용되지 않은 경우도 있었다. 19개 동짜리 아파트가 6개월 만에 만들어졌다.

마포구 와우산 비탈의 경사는 70도 정도로 매우 가팔랐다. 아파트의 무게를 버티며 제대로 서 있으려면 철근 7개가량 필요했지만, 실제로는 5개밖에 쓰이지 않았다. 하중은 900킬로그램에 가까웠지만 철근이 실제 버틸 수 있는 무게는 280킬로그램에 불과했다.

결국 입주가 한창이던 1970년 4월 8일 아침, 대룡건설이 시공을 맡았던 15동 아파트가 70도 정도로 매우 가파른 와우산 비탈을 따라 산 아래로 무너졌다. 그 아파트는 산 아래 판자촌을 덮쳤다. 33명이 사망했다.

종이로 만든 집처럼 비실대다 픽 쓰러진 이 서민 아파트는, 그 아파트에라도 들어가는 게 소원이었던 판자촌 사람들을 죽이고 말았다.

수십 년이 지났지만

그로부터 40여 년 뒤, 서울시가 발표한 "2013년 2분기 재난 위험 시설 관리대장"을 보면 시설물 안전 등급 D등급과 E등급인 시설이 모두 244곳이고, 이 가운데 주거 시설이 절반 가까이였다. 같은 해 민주당 박수현 의원실이 발표한 자료에 따르면, 가장 낮은 등급인 E등급 시설 43곳 중 주거용이 29곳이었다. 모두 "재난 위험 관리 시설물"로 지정됐다. 구청은 위험 안내 공고문을 계속 보냈지만 그뿐이었다.

> 안전 점검이라 해 봤자 형식적으로 1년에 한 번 오는 것 같아요. 엄청 위험하지. 서울 시내에 이런 아파트가 어디 있어요. 임대아파트 준다고 해도 살지도 못해요. 형편이 어려우니까. 이사 비용 가지고 되나. 갈 데가 없는데. 바람 많이 부는 날에는 콘크리트가 떨어져 나가고 그래요.(금화시범아파트의 한 주민)
>
> 옥상은 우리도 무서워서 잘 안 가. 난간이 오래돼서 조금만 건드려도 부서진다니까. 천장 무너진 집도 수두룩해. 어쩌겠어. 돈 없으니까 사는 거지. 싼 게 비지떡이야.(남서울아파트의 한 주민)*

이 낡고 위험한 건물에서 사람들은 목숨을 걸고 산다. 건축물 관리대장에도 없는 무허가 건축물에 살고 있는 사람들의 수는 파악조차 어렵다. '재난 위험 시설'에 사는 사람들이 건강

---

* "이런 곳에 사람이 살다니 … 목숨 걸고 사는 사람들", 〈오마이뉴스〉(2013-1-25).

한 먹거리를 먹고, 안전한 노동을 하며, 적절한 치료를 받고 있을 가능성도 낮다.

가난한 사람들에게 위험은 더욱 가혹해서, 한번 사고를 당해 수중의 돈을 다 쓰고 빚을 지면 더 싸고 위험한 곳을 찾아 아래로 아래로 떠밀려 가야 한다.

선진국에서도 참사는 반복됐다

2017년 6월 14일 영국 웨스트런던 켄징턴 북부에 있는 24층 임대 아파트 그렌펠 타워가 화염에 휩싸였다. 영국 주간신문 〈소셜리스트 워커〉의 편집자인 찰리 킴버는 이렇게 전했다.

> 이번 참사는 [평범한 사람들이] 끔찍한 불평등을 겪고 있는 것, 정치 엘리트들이 이런 현실에 전혀 관심이 없는 것, 평범한 사람들을 부자 동네에서 몰아내는 것과 연관 있다. 또, 인종차별로 가난한 사람들이 더욱 천대받는 것, 긴축재정의 고통스런 결과와도 연관이 있다. 계급 문제와 연관 있는 것이다.
>
> 이번 참사로 개발업자들의 탐욕이 그 민낯을 드러냈고, 이 체제가 기업들의 맹목적 이윤 추구를 부추기면서도 관련 규제는 깡그리 없애려 든다는 점이 폭로됐다. [공영주택 관리 책임이 있지만] 평범

한 주민들을 내팽개치는 지자체의 실상이 만천하에 드러났다. … 인화성 때문에 미국과 독일에서는 금지된 외장재를 사용해서라도 1제곱미터당 2파운드[약 2900원]를 아끼는 것이 중요하다는 발상은 바로 영국의 자본주의가 부추긴 것이다.

이처럼 최근까지 해외에서도 생명보다 돈을 앞세우는 논리가 끊임없이 대형 참사를 낳았다. 해외의 사례들을 보면 이윤을 앞세운 것이 참사의 원인이라는 점과 국가의 무책임한 대응이 공통적임을 발견할 수 있다.

① 미국

현존 최강대국 미국의 루이지애나주 뉴올리언스를 대형 허리케인 카트리나가 덮친 2005년 가을 상황도 비슷했다. 당시 부시 정부는 이라크 전쟁 예산을 늘리느라 안전 예산을 삭감했고, 뉴올리언스의 제방은 부실해졌다. 그래서 뉴올리언스 시당국이 가상 훈련을 한 결과 3급 태풍이 오면 6만 명이 사망한다는 결과가 나왔다. 그러나 부시 정부는 대책 마련은커녕 전쟁 비용을 충당하려고 홍수 방지 예산마저 삭감해 버렸다. 주민들에게는 이런 위험을 경고하지 않았다.

심지어 재난이 이미 시작됐는데도, 뉴올리언스 시장은 대피 명령을 내리지 않았다. 괜스레 호들갑을 떨었다가 시의 관광산업을 위태롭게 할까 봐서였다. 정보를 빨리 알아챈 부자들만 먼저 시를 빠져나갔다. 카트리나는 가상 훈련 때 상정한 것보다 약한 태풍이었는데도 결국 수천 명이 죽는 피해가 났다.

부시 정부는 사건 초기부터 사태의 심각성을 알고 있었지만 뉴올리언스 시장의 책임을 은폐하는 데 일조했다. 보통 사람들의 생명과 안전이 위협받는 것보다, 정부가 구조에 최선을 다하지 않았다는 점이 폭로되는 게 더 두려웠던 것이다.

1911년에는 미국의 한 의류공장에서 화재가 발생해 146명이 사망하는 일이 있었다. 당시 건물에는 가연성 물질이 수두룩했지만 방화 장치는 없었다. 게다가 일부 출구의 문은 노동자들이 휴식시간을 갖는 것을 방지한다는 이유로 잠겨 있었다.

참사 2년 전 이 공장에서 근무하던 여성 노동자들이 노동조건 개선, 임금 인상, 노동시간 단축을 요구하며 파업했지만 사측은 말을 듣지 않았다. 결국 노동자들의 요구를 무시한 결과로 끔찍한 참사가 벌어진 것이다.

② 독일

독일에서는 1991년부터 추진된 철도 민영화의 폐해가 거듭되는 대형 참사로 드러났다.

1998년 독일 에셰데 역에서 승객 400명 중 무려 101명이 사망하고 88명이 중상을 입은 대형 사고가 발생했다. 독일 언론들은 "제2차세계대전 이후 독일 최악의 참사"라고 보도했다.

처음에 독일 언론들은 콘크리트 교량 위에서 떨어진 자동차가 열차를 덮쳐서 사고가 일어났다고 보도했고 도이체반(DB, 독일철도주식회사)도 그렇게 우겼다. 그러나 조사 결과, 도이체반이 안전 시스템에 투자하지 않아 독일고속열차ICE 차량 바퀴가 부서지면서 발생한 사고였음이 드러났다. 사고는 딱 하나의 바퀴에서 촉발됐다. 신호 시스템도 엉망이었다. 특히 바퀴 등에 이상이 발생하면 고속열차가 자동으로 멈춰 서야 했지만 비상멈춤장치가 작동하지 않았다.

2008년 7월에는 차축이 부러지면서 고속열차가 탈선하는 일이 있었고, 2011년 1월에는 도이체반이 예산 부족을 이유로 비상멈춤장치를 설치하지 않아 화물열차와 여객열차가 충돌하면서 10명이 숨지고 40여 명이 다치는 대형 사고가 벌어졌다.

2016년 2월 9일에는 시속 100킬로미터로 고속 질주하던 열차 2대가 정면충돌하는 참사가 발생했다. 조사 결과 에셰데 역 사고와 마찬가지로 비상멈춤장치가 제대로 작동하지 않았을 가능성이 높은 것으로 드러났다. 두 열차 모두 민영회사가 운영하는 기차였다.

③ 영국

앞서 본 그렌펠 타워 참사 외에도, 바다와 육지 가릴 것 없

선진국도 자본주의의 근본 원리를 공유한다. 그래서 그곳에서도 비용 절감 논리가 끊임없이 대형 참사를 낳는다. 2017년 6월에 발생한 런던 그렌펠 타워 화재 사고. ⓒ제공 Natalie_Oxford

이 참사가 발생했다.

1987년 3월 6일 영국의 프리엔터프라이즈호는 출항 2분 만에 침몰하기 시작했다. 이 배는 보조 갑판장의 실수로 화물이나 승용차가 드나드는 선수문을 연 채로 항해를 시작했고, 항구를 벗어나자마자 배 안쪽으로 물이 들어차 순식간에 전복했다. 승객 150명과 선원 38명이 사망했다.

당시 영국의 전문가들은, 이 사건의 직접적 원인은 특정 직원의 안전 의무 불이행이지만 근본적 원인은 기업의 위험 관리 시스템이 제대로 작동하지 않은 데 있다고 입을 모았다. 엔터프라이즈호는 안전성을 희생한 대신 가속력을 높이도록 설계됐다는 점도 밝혀졌다. 출항 직후 빠른 속력을 낸 것이 급속한 침수의 원인이 됐다. 그러나 이후 재판에서 기업 관련자들에게는 무죄가 선고됐다.

1997년 9월 19일에는 영국 런던으로 향하던 고속열차가 화물열차와 충돌해 7명이 사망하고 150여 명이 다치는 사고가 발생했다. 고속열차의 기관사가 짐을 챙기느라 신호등을 제대로 보지 못한 것이 사고의 직접 원인이었다. 열차에는 기관사가 신호를 보지 못하고 지나치는 것을 방지하기 위한 자동경보장치와 자동열차보호장치가 설치돼 있었지만 사고 당시에는 이 둘 다 투자 부족 때문에 작동이 중지된 상태였다.

1968년에는 노동자 99명이 야간 근무를 하던 탄광에서 폭발 사고가 났다. 사고 발생 이후 21명만 탈출했다. 참사의 직접적 원인은 끝내 밝혀지지 않았지만, 환기와 메탄가스를 조절하는 안전 장치가 갖춰져 있지 않았기 때문이라는 추측이 많았다. 그래서 이후 탄광 안전 관련법들이 제정되기도 했다.

④ 옛 소련

1986년 4월 26일 우크라이나의 체르노빌 핵발전소 사고도 널리 알려진 참사다. 이 참사로 어마어마한 양의 치명적 방사능이 분출했고 유럽의 절반이 직접적 영향을 받았다. 우크라이나 보건 당국은 사망자가 최대 12만 5000명에 달할 것으로 추정했다.

특히 사고 발생 순간에 31명이 즉사했고 옛 소련 정부가 강제로 사고 현장에 밀어 넣은 소방관과 노동자 200여 명이 방사능 관련 질병을 앓다 죽었다. 그들은 폭발한 핵발전소 주변에 무방비 상태로 들어가 평범한 삽과 빗자루로 핵연료를 쓸어 담다가 죽어 갔다. 소련 정부는 그들을 "체르노빌의 영웅"이라고 부르며 치켜세웠지만, 그들의 피폭 수치는 "군사기밀"이었고 의료 기록을 달라고 요구하면 "서류가 방사선에 오염됐다"며 줄 수 없다고 했다.

피해는 체르노빌 주변 지역만이 아니었다. 체르노빌 사고 이후 세슘137, 요오드131 같은 방사선 낙진이 유럽 전체에 퍼졌다.

⑤ 일본

핵발전소 문제라면 일본도 빠질 수 없다.

2011년에 발생한 후쿠시마 제1핵발전소의 폭발은 전 세계에서 유일하게 핵폭격을 당해 본 일본인들에게 끔찍한 공포를 안겼다.

정부는 방사능 오염 지역에서 떠나라고 방송했지만 수십 년 동안 살던 곳에서 떠나 어디로 가서 살아야 하는지는 대책이 없었다. 절대 일어나지 않을 것이라던 사고가 매일 하나씩 벌어지고 있는 상황에서 어떤 말을 믿어야 할지도 알 수 없었다.

후쿠시마 핵발전소를 운영하던 민간기업 도쿄전력은 2002년에도 핵발전소 안전 문제를 감추다가 적발돼 17기의 원자로 가동 중지 조처를 당했다.

도쿄전력은 노동자들을 무방비 상태로 3주 넘게 복구 현장에 투입했고, 핵반응로를 조금이라도 식히려고 5년간 퍼부은 오염수를 바다에 버리기 시작했다. 이 때문에 태평양 전역에 방사성 물질이 확산됐다. 하지만 일본 정부는 "더 큰 피해를 막기 위해"서라며 이를 "승인했다."

늑장 대응과 책임 떠넘기기로 빈축을 사던 일본 정부와 도쿄전력은 핵발전에 비판적인 목소리를 탄압하는 데는 신속했다. 경찰청은 관계 기관이 작성한 것이 아닌 '헛소문과 억측'이라며 단속했고 정부와 도쿄전력을 규탄하는 평화적 시위대를 연행하는 등 탄압을 강화했다.

폭발 이후 유출된 방사성 물질의 양은 측정 자체가 불가능한 상황이다. 아직도 핵반응은 계속되고 있고 언제 완전히 멈출지 아무도 모르는 상태다.

일본에서도 민영화된 철도가 대형 사고를 일으켰다.

1987년 일본 국철은 여러 철도 회사로 분할 민영화됐다. 분할된 철도 회사들끼리 이윤을 놓고 경쟁이 심해졌다. 민영화된 철도 회사 JR서일본 기관사들은 이런 경쟁 때문에 극심한 노동강도에 시달렸다. 경쟁 철도 회사보다 빠르게 도착하려고 기관사들은 적정 속도를 넘어 과속하기 일쑤였다. 빡빡한 정차 시간을 맞추지 못한 기관사들에겐 징계 조처가 있었다. 이 징계 조처는 굉장히 인격 모독적이어서 자살한 사람이 있을 정도였다.

결국 2005년 4월 25일 서일본 여객철도가 탈선하고 아파트에 충돌해 승객 106명과 기관사 1명이 사망하는 참사가 벌어졌다. 커브 구간에서 한계 속도 이상으로 과속했기 때문이었다. 기관사는 전 역에서 지연된 시간을 만회하려고 과속을 했다. 그 시간은 단 1분 20초였다.

'착한 자본주의'는 없다

확률상 1년에 한 번 대형 사고가 난다고 치자. 자본가들은 그 하루를 대비해 나머지 364일 내내 안전 인력과 장비를 갖추고 정기 훈련을 반복하기를 정말 싫어한다. 좋게 말해 '비효율', 솔직히 말해 '쓸모없는 짓'이라고 여긴다.

물론 사고가 나서 고객이 피해를 입으면 기업 이미지가 손상될 수도 있다. 산업재해로 노동자가 죽거나 다치면 보상금을 물어야 할지도 모른다. 그러나 자본가들은 다시 정밀한 '이윤 계산기'를 두드린다.

피해를 입은 고객이 돈도 시간도 없는 평범한 월급쟁이라 기업주에 맞서 오랫동안 소송을 벌일 힘이 없다면? 광고 투자로 언론을 구슬리고 과학자 등 전문가 집단을 매수해서 회사에 유리한 정보를 대량 유포할 수 있다면? 비싼 변호인단을 고용하고 공직자들에게 로비해서 사건을 대충 무마할 수 있다면? 위험하지만 비용 하나는 끝내주게 저렴한 재료를 쓰고 노동자를 마구 '굴려서' 만든 상품이 벌금이나 보상금을 상쇄하고도 남을 만큼 커다란 이윤을 가져다준다면?

이해타산의 양팔 저울은 항상 '이윤' 쪽으로 기울 수밖에 없다. 자본가들은 이것을 '합리적 경영'이라고 부른다.

반면 자본가들은 거대 비자금을 형성해서 고위 관료와 정치인에게 나눠 주는 것은 낭비로 여기지 않는다. 예를 들어, 삼성이 노조를 허용하고 교섭해서 노동자 임금을 올려 주는 데 써도 충분한 돈을 노조 설립을 막는 데 쓰는 것도 그들에겐 낭비가 아니다. 돈 없다고 8000여 명을 일시에 쫓아낸 KT가 소모적 광고에 수백억 원씩 쓰는 것도 그들에겐 낭비가 아니다. 각종 친기업 정책과 '노동 개악', 민영화 등을 밀어붙여 줄 대통령과 그의 절친 최순실에게 찔러 넣은 수백억 원도 그들에겐 지출해 마땅한 돈이다. 기업 간 경쟁의 규모와 범위가 해외로까지 확장돼 국가 간 경쟁으로 발전하고 온갖 살상 무기, 핵발전 같은 야만적인 일에 지출해도 지배자들에겐 결코 낭비가 아니다.

자본가들은 하나같이 탐욕스럽다. 겉모습은 고상하고 품격 있는 척해도 사실은 자기 손에 더러운 것을 직접 안 묻히는 것일 뿐이다. 이자들의 논리와 상식은 기본적으로 천박하다. 그래서 세월호 참사를 보면서 평범한 사람들이 너무나 자연스럽게 느끼는 슬픔과 공감 대신, 이들은 관광 산업의 위축이나 주식 하락 따위를 걱정한다.

그들은 왜 탐욕을 부리고 이토록 비인간적일까? 그들은 '이윤을 극대화하기 위해서'라고 답한다. 그럼 이윤은 왜 극대화해야 할까? 적당히 벌고 말면 안 될까? 이 질문에 또 '그들은 탐욕스럽기 때문'이라고 대답하는 건 동어반복이나 순환 논리다.

마르크스는 자본가들이 탐욕스럽다(또는 탐욕스러운 자가 자본가로서 성공하기 쉽다)는 현상의 이면에는 필연적으로 그렇게 될 수밖에 없는 객관적 환경이 있다고 지적했다. 그것은 자본주의가 작동하는 근본 원리와 맞닿아 있다.

우선 자본주의 체제를 보는 마르크스의 관점을 살펴보자. 마르크스에 따르면, 자본주의적 사회관계들은 주되게 두 가지 분열에서 비롯한다.

첫째는 다수의 일하는 사람들과 그들을 착취하는 소수 사이의 분열이다. 이것이 '계급'의 뜻이다. 자본가계급은 사회의 압도 다수인 노동계급을 착취한다.

둘째는 자본가계급 내부의 분열이다. 착취를 통해 얻은 이윤은 상품이 시장에서 팔려야 실현되는데, 이 과정에서 그들 간에 무한 경쟁이 벌어진다. 그래서 자본가들은 노동자들을 쥐어짤 때는 단결하면서도, 그 몫을 누가 가져갈 것이냐를 놓고는 피 튀기게 경쟁하는 "서로 싸우는 형제들"(마르크스)이다. 이 경쟁은 끝도 없고 질서도 없다.

자본가들은 노동자를 착취해 번 돈을 다시 생산수단의 확장이나 발전에 투자하고, '경영'이라는 이름으로 각종 착취 방식을 연구하면서 고군분투한다. 그렇게 이윤을 더 벌어들이면 그보다 더 많은 이윤을 벌어들이기 위한 다음 투자에 또 나서야 한다. 한순간이라도 경쟁을 소홀히 하면 뒤로 밀리다가 결국 파산해 중간계급이나 노동계급으로 전락할 것이기 때문이다. 그러면 더는 '자본가'일 수 없게 된다.

마르크스는 이를 "축적을 위한 축적"이라고 불렀다. 자본가들은 이 축적의 압력을 결코 거스를 수 없다. 자본가들은 자본가이기를 포기할 생각이 없는 이상 탐욕스러워야 한다. 경쟁자보다 더 탐욕스러워야 한다. 자본가들에게는 누가 더 비인간적이고 잔인하고 냉혈하고 악랄한지가 '능력'을 판가름하는 기준이다.

윤리적 자본주의가 존재할 수 없는 이유다.

늘 '가진 자'의 편이었던 국가

베스트셀러 《국가란 무엇인가》에서 유시민은 이렇게 썼다. "나는 사람들 사이에 정의를 세우고 모든 종류의 위험에서 시민을 보호하며 누구에게도 치우치지 않게 행동하는 국가가 훌륭한 국가라고 생각한다." 이것이 상식일 것이다.

그런데 수많은 국내외 대형 참사 사례를 곰곰이 살펴보면 정부는 항상 피해자의 편이기보다는 기업의 편이었다.

정부는 늘 경제가 어렵다는 이유로 공공 투자 예산을 삭감하려 한다. 대부분 안전을 위한 비용이 먼저 삭감된다. 민영화도 한다. 기업에 대한 안전 규제가 약화된다. 그러다가 대형 사고가 난다. 하지만 피해는 대체로 노동계급이나 빈민에게 집중된다.

정부와 해당 기업은 사고 초기에는 "사죄", "최선" 어쩌고 하지만, 바로 뒤돌아서는 책임 회피와 진실 은폐에 골몰한다. 심지어 사고를 새로운 돈벌이 수단으로 이용하려 한다(민간 재난 보험 활성화 등). 피해자들은 사고 전보다 더 어려운 처지로 내몰리고 심지어 매도까지 당한다. 국가는 위험을 생산하는 자들과 철저하게 한통속이었다.

이는 이명박·박근혜 정부 때만이 아니라 문재인 정부가 계승하고 있는 김대중·노무현 정부 때도 마찬가지였다. 한국 자본가계급의 제2선호 정당이긴 하나, 민주당 또한 자본주의적 성장을 지향하는 정당이고, 규제를 완화해서 기업의 돈벌이를 도와야 한다는 데에 근본적으로 반대하지 않기 때문이다.

김대중 정부 시절인 1999년 6월 씨랜드 청소년 수련원에서 화재 사고가 났다. 이 사고로 23명이 사망했는데 대다수는 유치원생이었다. 화성군수를 포함한 공무원들은 뇌물을 받고 소방시설이 전혀 갖춰지지 않은 이 건물을 허가했다. 하지만 화성군수는 무혐의로 풀려났고 나머지 화성군 공무원들도 모두 무죄 아니면 집행유예를 받았다.

2003년 2월 18일에는 대구 지하철 화재 사고가 발생했다. 정부와 대구 지하철공사는 비용 절감을 이유로 유독가스를 많이 내뿜는 내장재를 사용했다. 인건비 절약을 이유로 1인 승무제를 실시하는 바람에 안전 점검 인력이 부족했다. 그러나 사고 책임자 중 대구 지하철공사 사장과 시설부장만이 기소됐고 결국 둘 다 무죄를 선고받았다.

정부가 참사 책임자들에게 이토록 관대했던 것은 정부 자신이 기업의 이윤을 보장하느라 공공성과 대중의 안전은 뒷전에 두는 정책들을 밀어붙이는 당사자였기 때문이다.

김대중 정부는 외환 위기를 극복하겠다며 '규제총량제'와 '규제일몰제'를 도입해서 역대 정권들 중에 가장 많이 규제를 없앴다. 식품 관련 규제 100건이 폐지되고 67건의 기준이 완화돼 "식품 위생과 안전의 근간이 되는 거의 모든 사항이 완화"될 정도였다(한국보건사회연구원).

'안방의 세월호'라 불린 가습기 살균제들이 환경부와 산업통상자원부의 허가를 받고 출시된 시기도 모두 김대중·노무현 정부 때다.

김대중은 IMF 위기 이후 대대적인 전력·가스 민영화를 추진했다. 이런 정부의 계획은 2002년 발전·철도 노동자들의 공동파업에 부딪히기도 했다.

노무현 정부 시절에도 대형 안전사고가 많았다. 그중에서도 2007년 12월에 발생한 태안 기름 유출 사고가 제일 컸다. 노무현 정부의 안일한 대응과 거짓말, 책임 떠넘기기가 피해 규모를 키웠다. 주민들이 '기름 쓰나미'를 지켜보며 발을 동동 굴렀지만 사고 발생 뒤 24시간이 다 되도록 방제 장비도 지급되지 않았다. 뒤늦게 지급된 방제 물자와 방제 작업도 유명 해수욕장들에 집중됐다.

노무현 정부는 제2의 IMF라 불린 한미FTA 체결을 강행했고 그 일환으로 2004년 7월 포스코의 천연가스 직도입을 허가해 가스 민영화의 길을 열었다.

철도 민영화의 사전 정지작업으로 철도청을 철도공사로 바꾸고 수익성 중심의 운영 체계인 철도산업기본계획안을 입안했다. 인천, 광양, 부산, 제주 등에 외국계 영리 병원 설립을 허용했고, '물 산업 육성방안'을 내놓으며 노골적으로 물 민영화를 추진했다.

사실, 세월호 참사의 배경인 제주 해군기지도 김대중이 처음 논의하기 시작해 노무현이 결정한 사업이다. 민주당 정부의 친제국주의는 미국의 '테러와의 전쟁'을 지원하는 것으로 나아갔고 그 와중에 김선일 씨가 이라크 무장 세력에 살해당하기도 했다.

민주당은 규제를 완화해서 기업의 돈벌이를 도와야 한다는 데에 근본적으로 반대하지 않는다. 장기적 경제 위기 속에서 자본가들의 이윤을 보장해 줘야 한다는 압력은 어떤 정부도 (심지어 정의당 같은 개혁주의 정부가 등장하더라도) 거스르기 쉽지 않다.

따라서 반복되는 대형 참사의 근본적 대안을 찾으려면, 보수 정권 몰아내기에서 나아가 자본주의하에서 국가의 본질적 성격에 대해 깊이 고민해 볼 필요가 있다.

국가란 무엇인가?

국가에 관해 교과서나 사회학 강의에 나오는 가장 흔한 설명은 아마도 홉스의 주장일 것이다. 홉스는 '사회계약'을 국가의 기원으로 보는 이론을 세웠다.

홉스는 국가가 없는 '자연상태'의 인간은 '만인에 대한 만인의 투쟁'을 벌인다고 봤다. 이런 파괴적 상태를 끝내기 위해 등장한 선악의 판단자, 질서의 기준이 바로 국가다. 이에 따르면 국가는 사회 내부의 무질서와 범죄, 외부 침략의 위협에서 국민의 생명과 안전, 재산을 보호한다. 그것을 위해 국가는 유일하게 합법적 폭력을 행사할 수 있다.

홉스의 뒤를 이은 존 로크, 애덤 스미스, 장 자크 루소 등 대표적 자유주의 철학자들도 홉스의 사회계약론을 받아들이고 발전시켰다(다만 자유주의자들은 전제군주제 국가를 꿈꾼 홉스와 달리 입헌군주제나 공화제 국가를 꿈꿨다).

이런 홉스의 사회계약 개념은 자본주의의 본질과 잘 어울리는 이데올로기다.

첫째, 자유로운 개인들의 거래와 계약이 정의롭고 공정한 사회를 구현할 것이라는 주장은 자본주의 시장경제를 지지하는 주장과 잘 어울린다. 이런 전제는 이 사회가 이미 권력을 가진 소수의 기득권과 그렇지 않은 나머지 다수로 분리돼 있다는 사실을 은폐한다.

마르크스는 계급 개념을 사용해 이것을 더 분명하게 규정했다. 자본주의 사회는 생산수단을 지배하는 자본가들과 그들에게 고용되지 않으면 굶어 죽을 자유밖에 없는 노동자들로 나뉘어 있다.

둘째, '자연상태'의 인간이 끊임없이, 본능적으로 경쟁한다는 사상도 자본주의의 핵심 이데올로기다. 자본주의를 옹호한 경제학자들인 애덤 스미스, 장 바티스트 세, 존 스튜어트 밀도 이기적이고 '합리적'인 인간 개개인이 서로 경쟁하는 것이 인간 본성이라고 주장했다.

마르크스는 이런 견해를 낱낱이 반박했다. 그는 국가가 없을 때 사회가 분열되는 것은 홉스의 주장처럼 보통 사람들이 '본성적으로' 사악하고 탐욕스럽고 어리석어서가 아니라, 사회가 이해관계를 달리하는 계급들로 나뉘어 있기 때문이라고 주장했다.

마르크스는 인간 본성이 고정불변이 아니라고 봤다. 오히려 인간의 다양한 면모 중 한쪽 면모(경쟁적 면모)만을 강화하는 특정한 사회적 환경이 먼저 있는 것이다.

마르크스주의는 국가 문제에서도 추상적 사고를 배격했다. 마르크스는 국가가 존재한다는 것 자체가 "일정한 발전 단계에 있는 사회의 산물", 즉 계급 간 적대의 산물이라고 주장했다. 노동하지 않으면서 부를 독점하는 자본가계급과 그들에게 고용돼 착취당하는 노동계급은 서로 화해할 수 없는 이해관계를 갖는다. 다수의 저항을 진압하고 소수의 사회 지배를 지탱하기 위해 군대와 경찰 등 폭력 수단을 독점한 기구들의 네트워크. 이것이 바로 국가의 본질이다. 따라서 마르크스는 국가란 만인에게 평화와 자유를 보장하는 공동사회가 아니라 다수의 피지배 민중을 억압하는 기구라고 봤다.

엥겔스는 《가족, 사유재산, 국가의 기원》에서 국가란 근본적으로 지배계급의 이익에 충실히 봉사하는 기구라는 점을 지적했다.

> 국가는 계급 간의 대립을 억제할 필요로부터 발생했기 때문에 통상적으로 가장 강력하고 경제적으로 지배하는 계급의 국가다. 이 계급은 국가의 힘을 빌어 정치적으로도 지배하는 계급이 된다.

그리하여 피지배계급을 억압하고 착취하기 위한 새로운 수단을 획득한다.

국가는 정치와 무관한 것이 아니다. 오히려 정치권력 자체다. 국가는 대중 '전체'를 대표하기는커녕, 언제나 한 계급이 다른 계급들을 계속 지배할 수 있게 해 주는 기능을 한다. 국가는 자본주의의 논리로부터 전혀 자유롭지 않다. 오히려 국가는 경제적 지배계급인 자본가계급의 이해득실에 즉각 호의적으로 반응한다.

2008년 세계경제 위기 당시, 국채를 남발해 국가 재정을 위기에 빠뜨리는 위험을 감수하고서라도 망해 가는 금융 회사들을 살리기 위한 '구제금융'을 퍼붓던 미국 정부의 모습을 보면 국가가 누구를 위해 존재하는지 아주 쉽게 이해할 수 있다. '비우량 주택담보 대출'을 받았다가 집을 날리고 길거리에 내몰린 가난한 미국인 수백만 명은 국가에게 버림받았지만, 월가는 늘 국가에 충분히 기댈 수 있는 것이다.

좀 더 자세히 살펴보자.

첫째, 자본주의적 착취와 축적이 성공하지 못하면 국가에 필요한 수입을 얻을 수 없다. 세수입의 원천이나 차입을 통해 재원을 조달할 수 있는 국가의 능력이 경제 상태에 달려 있기 때문이다.

둘째, 어떤 정부의 집권 기간에 경제활동 수준이 하락하면 대중의 지지는 물론이요, 경제적 지배계급의 지지를 잃을 것이다. 이 말은 곧 국가에 포진해 있는 통치자들의 출세 전망이 흐려진다는 뜻이기도 하다.

셋째, 국가 자신이 자본주의 경제의 주요 주체이기도 하다. 서방 각국 경제의 적어도 3분의 1이 국영 산업들이다. 전에 국영 기업이었다가 민영화된 기업들도 사실상 국가의 통제를 받는다. 가령 포항제철과 한국통신은 민영화돼 각각 포스코와 KT로 이름을 바꿨지만, 여전히 정부가 사장을 임명하고 정부는 전과는 다른 방식으로 두 기업의 사업을 돕는다.

넷째, 결정적으로, 국제 질서 속에서 어떤 국가의 위상은 그 국가와 연계된 자본들의 크기가 결정하는 경우가 많다. 국가는 강력한 군사력과 외교적 영향력을 구축해 자국 자본을 세계시장에서 지키고자 한다. 미국 국가가 자신과 연계된 자본가계급을 위해 IMF(국제통화기금)나 WTO(세계무역기구) 등을 통해 또는 이라크 전쟁 등을 통해서 하는 일이 이런 사례다.

따라서 국가기구를 운영하는 자들은 자신들의 정치 이데올로기가 무엇이든지 경제가 최소한의 활력은 유지하도록 돌봐야 하는 처지에 있다.

자본가들의 이익을 대변하는 국가는 자본가들의 냉혈하고 비정한 면모도 빼닮는다.

2014년 5월 9일 새벽 세월호 참사 유가족들은 청와대 앞에 주저앉았다. 대통령과 만나고 싶다고 했다. 대통령이 책임지고 진상을 밝혀 달라고 하소연하고 싶었다. 아이들을 살릴 수 있었던 것 아니냐고 묻고도 싶었다.

그러나 "부모를 흉탄에 잃은 사람으로서 가족의 아픔을 이해한다"던 박근혜가 하소연하러 온 유가족들에게 들이댄 것은 따뜻한 위로와 환대가 아니라 방패 든 경찰 1000여 명과 경찰 차벽이었다. "무능한 엄마, 아빠여서 미안하다"며 땡볕을 가릴 천막도 양산도 마다하고 길바닥에서 면담 요청 결과만 기다린 유가족들에게 박근혜는 물 한 모금, 방석 하나 주지 않았다.

오히려 그 시각에 박근혜는 각료들을 모아 놓고 민생대책회의라는 것을 열었다. "이번 사고로 인해 서민 경기가 과도하게 위축되지 않도록 최선을 다해야 한다"고 했다. "사회 불안이나 분열을 야기하는 일은 국민경제에 전혀 도움이 안 된다"고도 했다. '많은 아이들 목숨보다 기업주들의 돈벌이가 더 중요하다'고 선언한 것이다. 이 말은 세월호 참사를 지켜본 수많은 사람들의 비통한 심장에 가시를 박아 넣었다.

국가는 나아가 자본가들의 우선순위에 도전하려는 움직임을 탄압한다. 법과 질서의 이름으로 경찰, 군대, 법원, 감옥 등 폭력 행사 권력을 독점함으로써 그렇게 한다.

우리는 이런 상황을 쉽게 상상할 수 있다.

> 어떤 노동자가 공장에서 제품을 생산했는데, 일을 마친 뒤 자신이 만든 제품의 일부나 전부를 집에 가져가려 한다고 치자. 그 노동자는 당연히 강제 연행돼 경찰서 유치장에 갇힐 것이다. 또, 어떤 공장의 노동자들이 파업을 하기로 했는데, 90퍼센트의 노동자들만이 파업에 들어가고 나머지 10퍼센트는 계속 일을 하려 한다고 치자. 경찰이 '법대로 하겠다'며 당장 상당수 병력을 공장 문 앞에 배치해 이 파업 파괴자들의 '노동권'을 보장해 줄 것이다.
> 그러나 사용자가 직장 폐쇄를 하고 노동자들을 모두 해고하기로 한다면, 경찰이 또 들이닥치겠지만 이번에는 모든 노동자를 집으로 확실하게 돌려보낼 것이다. 그리고 노동자들이 아무리 '노동권'을 호소해도 경찰은 꿈쩍도 안 할 것이다.*

국가는 (국가보안법 등을 이용해) 국가가 싫어하는 의견을 표현하면 잡아 가두고 심지어 죽이기까지 했다. 경제적 궁핍에 시달리다 못해 파업을 하거나 시위를 하는 사람들을 폭력으로 진압한다.

대부분의 시기에 이러한 국가의 강제력은 잘 드러나지 않고 배후에서 집행된다. 그러나 자본가계급의 이익이 진정한 도전에 직면하는 순간 그것은 전면에 등장한다. 그런 도전이 만약

---

* 존 몰리뉴, 《사회주의란 무엇인가?》, 책갈피, 2013 145~146쪽.

외국에서 비롯한 것이라면 그 강제력은 전쟁이라는 형태로 나타날 것이다. 전쟁을 수행하는 군대는 바로 국가가 가진 외적인 힘이다.

그러나 군대는 때때로 노동자 파업을 깨뜨리거나 광주 항쟁 같은 '긴급사태'를 진압하는 일에도 동원된다.

한국 헌법에는 이런 문구가 있다. "인간의 존엄성을 보장하도록 근로조건의 기준을 법률로 정하고 여자와 연소자의 근로를 특별히 보호하며 고용, 임금 및 근로조건에서 부당한 차별을 받지 않도록 해야 한다."

하지만 법 앞에서 만인이 평등하다는 건 법전에나 씌어 있는 얘기일 뿐이다. 현실은 '유전무죄 무전유죄'다. 노동자와 서민이 회사를 상대로 소송해선 좀체 이기지 못한다. 언론, 출판의 자유도 법적 형식으로 따지면 모두에게 보장돼 있지만, 부유층이 아니라면 신문이나 방송에 대한 접근성은 사실상 없다시피 하다.

현대의 법은 사람들에게 무엇보다 자본주의 경제의 원활한 운영에 적합한 행위를 하라고 요구하는 규칙들로 이뤄져 있다. 국가의 실제 존재 이유는 재산권 집행이고, 재산은 대개 자본가들과 국가 관료들이 소유, 관리하고 있고, 그 덕분에 그들에게는 권력이 있다. 법과 사법제도는 본질적으로 자본가계급의 재산을 지킨다.

평범한 사람들의 삶은 법이 없어도 유지될 수 있지만 자본가들은 그렇지 않다. 다음의 글을 보자.

> 법이 자본주의 사회의 소유 관계를 반영하고 나아가 그것을 강화해 주지 못한다면 어떤 일이 벌어질지 생각해 보라. 예컨대, 빌려준 돈에 이자를 매기는 일을 불법으로 친다면 어떻게 될까? 만일 법관들이 한밤에 혼자 다니는 여성이 강간을 당해도 법이 보호해 줄 수 없다는 판결을 내리듯이, 대낮에 롤스로이스 같은 최고급차를 타고 거드름을 피우는 백만장자가 강도를 당해도 그것은 그가 자초한 것이나 다름없다는 식의 판결을 내리면 어떻게 될까? 아니면, 더 근본적 문제로서, 인신매매를 금지하듯이 노동력 판매도 법으로 금지한다면 어떻게 될까? 만약 법이 앞에 든 예들 가운데 어느 하나라도 허용하는 식으로 바뀐다면, 자본주의가 며칠은 아니더라도 몇 주 만에 당장 무너지고 말리라는 것은 불을 보듯 뻔하다.*

법이 자기 안에 깃든 계급성을 반영하는 식으로 운용된다는 게 놀라운 일은 아니다. 지배계급은 고위 법조인들을 꽉 잡고 있다. 법조계를 잘 들여다보면 법관 절대다수가 상층계급과 중

* 존 몰리뉴, 《사회주의란 무엇인가?》, 책갈피, 2013 139~140쪽.

간계급 출신임을 알 수 있다. 설사 하층민 출신의 개인이 이따금 상층으로 침투하더라도 바뀌는 것은 없다. 한편으로, 그런 개인이 승진했다는 사실 자체가 그들의 실제 계급 지위가 바뀌었다는 뜻이고, 그에 따라 그들의 견해도 바뀌기 십상이다. 다른 한편으로, 국가의 자본주의적 작동 방식을 받아들이는 것이 그런 승진의 조건이다.

따라서 모름지기 만만찮은 사회 변화를 추구하는 운동이라면 결국 법과 충돌할 수밖에 없다.

자유주의자와 개혁주의자는 대통령 선거와 의회 선거를 통해 고삐 풀린 자본주의(의 일부 행태)를 국가가 통제할 수 있다고 말한다. 그러나 사정은 크게 바뀌지 않는다.

우선 경제적 불평등 때문에 기성 정당들도 대개 부자들의 환심을 사려 한다. 주로 정치 자금 때문이다. 기성 정당들은 서로 고함을 치고 싸우지만 그들은 사회의 극소수(자본가)가 대부분의 생산적 자원을 지배하는 것을 당연시한다.

자본주의 국가는 대중의 정치적 수동성을 조장하고, 노동자는 일에 지쳐 피곤하고 시간이 갈수록 정치적 관심도 무뎌진다. 우리는 몇 년마다 한 번씩 투표하는 동안에만, 그래서 평생 몇십 분간만 민주주의를 누릴 뿐이다. 그리고 나머지 모든 시간을 정치인들이 배신하는 꼴을 그저 두고 봐야만 한다.

게다가 국가기관의 더 많은 부분은 비선출직(검찰, 경찰, 군대, 법원, 행정부의 각종 장관과 고위 공직자, 공기업 사장)으로 구성돼 있다. 의회 선거처럼 보잘것없고 결함 있는 민주주의조차 없다. 문제는 대다수 국회의원들보다 바로 이런 기관들이 노동계급의 삶에 비할 데 없이 훨씬 더 큰 영향을 미친다는 것이다. 이들은 법률을 해석하거나 이용하고, 규칙을 만들고, 임금 인상 상한선을 설정하고, 물가나 월세에 영향을 미친다.

자본주의의 붙박이장: 관료주의와 부패

국가기구는 철저하게 관료적이기도 하다. 다시 말해, 매우 비민주적·권위주의적·비밀적·형식적이다.

이는 국가의 본질적 기능이 바로 자본주의적 지배 질서를 유지하는 것이고, 따라서 다수에 대한 소수의 통제를 유지하는 것이기 때문이다. 자본주의 국가의 정책 결정은 철저하게 위로부터 진행되기 때문에, 그것을 실제 집행할 행정기관들은 상부의 명령에만 충실하도록 훈련받는다. 말단으로 갈수록 자기 일에서 자율성을 발휘할 수 있는 여지가 거의 없다시피 한다.

세월호가 가라앉던 그 순간, 단 한 명의 해경이라도 승객들에게 나오라고 외쳤으면 다 살았을 텐데, 그 단 한 명이 없었던 이유는 무엇일까? 단지 그 개인들이 도덕성이나 용기가 없어서가 아니라, 매우 관료적이고 상명하복적인 구조의 국가 시스템

속에서, 말단 해경들은 스스로는 아무것도 결정하지 말 것을 훈련받았고, 문제가 생기면 책임을 면피할 길부터 따지고 보는 관료주의 사회의 일원이었기 때문이다. 물론 그 개인들이 잘못된 명령에 순종하길 거부할 여지가 전혀 없는 건 아니었으니, 그 선택에 책임이 없는 건 아니지만 말이다.

한편 국가 관료들은 부정부패의 본산이기도 하다. 국가가 자본의 일부이기도 하고, 자본의 재생산을 확보하는 구실을 하므로 국가를 지배하는 지배계급은 민간 부문을 지배하는 나머지 지배계급 부분과 긴밀하게 접촉한다.

그들은 출신 배경이 비슷하고, 학교나 교회, 대학 등에서 만나 인맥을 형성한다. 민간 기업과 국가기관 사이에 인사 교류도 있다. 장관을 하다가 기업 CEO로 간다거나 그 반대의 경우도 있다. 세월호 참사의 '해피아'들처럼 민간 기업과 국가기관 사이에 인사 교류도 그런 끈으로 이뤄졌다. 이런 교류와 접촉 과정에서 자본가들과 국가 관료들은 기본적으로 공통의 이익과 세계관을 공유한다. 결국 이런 끈을 통해 자본주의에서는 부패와 비리가 끊임없이 자라나는 것이다.

국가는 우리가 선거로 선출하는 행정부의 수반이나 국회의원들 이외에 군대, 경찰, 법원, 감옥, 정부 관료 기구 등의 제도들이 서로 긴밀하게 맞물려 있는 네트워크다. 국가는 사회 위에 군림하면서 합법적 강제력의 독점을 비롯한 보편적 권위를 내세운다. 국가는 기업주들이 노동자들을 효과적으로 착취할 수 있게 도와준다. 노동자들이 파업을 할 때면 경찰력 투입, 구속·수배 같은 방식으로 탄압한다.

결국 이른바 '국익'의 실체는 바로 소수의 기업주들을 비롯한 이 사회 지배계급의 이익이지 결코 다수 노동자·민중의 이익이 아니다. 계급을 뛰어넘은 공통의 '국익'이나 '공익'이 존재한다는 생각이 신화인 이유다. 국민은 계급들, 즉 이해관계가 서로 정반대인 착취자들과 피착취자들로 이뤄져 있고 국가가 대변한다는 사회는 보통 사람들이 생각하는 그런 사회가 아니라 자본주의라는 특정 사회다.

자본주의 국가는 자본주의 지배계급이 가진 가장 효과적이고 강력한 정치기구다. 자본주의적 착취는 그것을 승인하고 강제력으로 뒷받침해 주는 국가가 없으면 단 5분도 지속되지 못할 것이다.

미쳐 버린 세계:
반자본주의적 대안이 필요하다

우리는 자본주의가 제대로 돌아가는 유일한 경제체제라는 말을 쉴 새 없이 듣지만 그 '제대로 된 체제'에서 전 세계에서 10세 미만의 어린이가 5초에 1명꼴로 굶어 죽어 가고 있다. 세계식량농업기구FAO가 펴낸 "2009 식량불안상황 보고서"를 보면 거의 10억 2000만 명이 아사 위기에 놓여 역대 최다를 기록했다.

인류 역사를 통틀어 가장 부유한 사회인 미국에서는 불과 30년 전인 1988년(호황이 절정기였는데도)에 3200만 명이 빈곤선 이하의 삶을 살았다. 그런데 1980년대에 견줘 2011년 소득 수준 하위 20퍼센트의 소득이 전체 소득에서 차지하는 비중은 20퍼센트나 줄었다. 반면 같은 시기 최상위 5퍼센트의 소득이 전체 소득에서 차지하는 비중은 30퍼센트 늘었다(미국 통계청).

선진 산업국들에 빈곤의 웅덩이가 있다면, 아프리카 등 세계의 다른 많은 나라들에는 빈곤의 '바다'가 있다.

국제 구호 기구 옥스팜이 2017년 2월 23일에 발표한 보고서에 따르면, 인도네시아는 최고 부자 4명이 보통의 인도네시아인 1억 명(전체 인구의 약 40퍼센트)과 맞먹는 부를 거머쥐고 있다. 이 보고서에 따르면, 인도네시아는 세계은행이 차상위 빈곤선으로 지정한 하루 3.1달러(약 3500원) 이하 소득에 의존해 사는 인구가 9300만 명이다. 인도네시아의 빈부 격차 수치는 세계 6위다.

물론 가난과 굶주림은 인간 사회에서 낯선 존재가 아니다. 그러나 현대 사회의 빈곤은 이전과 성격이 확연히 다르다. 빈곤을 영원히 추방하고도 남을 만큼 큰 부가 빈곤과 나란히 존재하기 때문이다. 세계식량농업기구는 이미 1984년에 당시 농업 생산력을 기준으로 지구는 인구 120억 명을 거뜬히 먹여 살릴 수 있다고 밝혔다.*

역사상 유례없이 많은 재화가 생산되고 있다. 과거의 인류가 얻지 못한 기본 식품을 비롯한 모든 종류의 재화 생산량을 증

---

* 장 지글러, 《왜 세계의 절반은 굶주리는가?》, 갈라파고스, 2016 37쪽.

가시키는 데 필요한 과학도 발전했다. 기계를 사용해서 아주 힘든 일을 대신할 수도 있고, 눈 깜짝할 사이에 지구 정반대 편으로 정보를 보낼 수도 있다.

그런데도 생계유지의 부담은 가벼워지긴커녕 종종 더 무거워지고 있다. 대다수 사람들은 사회의 부가 늘어나는 만큼 더 풍요롭고 평안한 생활을 하는 게 아니라, 자기 처지가 더 악화될까 봐 마음 졸이며 살고 있다.

"가능한 최선의 체제"라는 자본주의는 우리의 생존이 달린 자연도 파괴하고 있다.

자본주의가 작동하려면 항상 값싼 원자재를 확보해야 하고 엄청난 폐기물을 쏟아 내야 한다. 이 때문에 산업자본주의 초기 북미와 유럽에서 벌어지던 일들을 오늘날에도 폐광이나 철광석 생산지에서 볼 수 있다. 광물 찌꺼기 더미, 중금속이나 화학물질로 오염된 토양, 고여서 썩은 웅덩이, 땅속 깊이 파헤쳐 황폐해진 흔적 따위 말이다.*

지구온난화는 그린란드와 남극 빙산의 붕괴를 부를 수 있는데, 이는 해수면을 엄청나게 상승시켜 섬나라에 사는 사람들 수억 명에게 재앙을 가져다줄 것이다. 기온의 상승은 이미 지역 생태계를 뒤집어 놓고 있으며 이산화탄소 배출 증가로 말미암

---

* 크리스 하먼, 《21세기의 혁명》, 책갈피, 2011 26~27쪽.

은 해양 산성화와 성층권 오존 고갈은 연간 100만 종당 100종 이상의 멸종을 일으키고 있다.

전 지구적 담수 역시 한계선을 넘어섰다. 현재 전 세계 하천 유역의 약 25퍼센트가 고갈하고 있다. 세계는 물 위기에 직면하고 있다. 미국에서조차 수백만 명이 마시는 물이 산업적 농업에서 나오는 질소염 등 오염 물질과 아트라진 같은 농약으로 오염되고 있다. '푸른 지구 운동'의 창시자이자 캐나다의 사회운동가인 모드 발로는 《물은 누구의 것인가》에서 "우리가 우리의 생활방식을 변화시키지 않는다면 2025년까지 전 세계 인구의 3분의 2가 물 부족 상태에 직면하게 될 것이다" 하고 썼다.

미국에서 상업적으로 이용되는 화학물질이 8만 가지가 넘지만 그중에 잠재적 유해성조차 알지 못하는 것이 약 2만 가지나 된다. 그런데 《사이언티픽 아메리칸》의 논설에 따르면, "미국에서 사용되는 8만 가지 이상의 화학물질 중 5가지만 사용이 제한되거나 금지됐다. 5퍼센트가 아니라, 5가지 말이다."

세계화된 자본주의는 파괴와 오염도 세계화하고 있다. 따라서 국제적 대안이 필요하다.

그러나 국가들은 저마다 자국 자본주의를 위해 다른 국가들과의 경쟁에 몰두하고 있다. 대기업들과 수많은 끈으로 연계된 국가기구들은 기후변화를 저지하는 데 필요한 변화를 원하지 않을 뿐 아니라, 자국이 기후변화에 대처하느라 '한눈을 파는'

사이에 경쟁자들이 앞서 나갈까 봐 두려워한다. 자본주의 경쟁 논리가 너무 강력하다 보니 기업이든 각국 정부든 세계시장에서 지위가 하락하느니 차라리 인류 전체와 지구의 미래를 걸고 모험을 하는 쪽을 선택하는 것이다. 그래서 환경에 관한 국제 협약은 모두 시작은 화려하지만 결국 금세 휴지 조각이 돼 버린다.

많은 사람들은 자본주의 체제를 극복하는 게 가능하지 않다고 생각한다. 너무 이상적이라는 것이다. 자본주의는 그런 생각을 교과서, 방송, 라디오 등을 통해 끊임없이 양산한다. 자본주의는 사람들을 경쟁으로 몰아넣어 낱낱의 개인으로 파편화시키는 한편, 엘리트가 아닌 평범한 다수에게 세상을 바꿀 힘 따위는 없다고 주입한다.

하지만 앞서 우리가 살펴봤듯이 자본주의가 양산하는 생각 중에는 현실에서 와장창 깨져 버리는 게 한둘이 아니다.

대형 참사나 빈곤으로 수천수만 명이 죽든 말든 사람들은 관심이 없을까? 그렇지 않다. 각종 연구소, 시민단체, 봉사단체, 국제 구호단체에는 이런 문제에 관심 있는 사람들로 가득하다. 가난한 나라의 기아 문제를 해결하려고 애쓰는 시민단체도 수없이 많다. 그런데도 끔찍한 재앙은 계속된다.

문제는 무한 이윤 경쟁에 눈먼 경제 권력자들이 국가라는 정치권력도 장악하고 있다는 것이다. 그들이 우리의 노동과 노동생산물을 통제하고 있다는 것이다.

따라서 사회 전체의 우선순위를 뒤집어, 보통 사람들의 안전을 위해 상시적으로 재난에 대비하고, 굶주림에 지친 사람들을 먹이고, 지구온난화를 막으려면 자본주의를 끝장내야 한다. 자본주의의 지배계급인 자본가들에게 맞서야 한다.

마르크스는 그 투쟁에서 노동계급이 발휘할 수 있는 결정적 힘을 《공산당 선언》에서 설명했다. "자본이 발전하는 것과 같은 정도로 … 현재 노동계급은 발전한다. … 부르주아지는 무엇보다도 자기 자신의 무덤을 파는 사람들(노동계급)을 생산한다." 자본가들은 노동계급을 억압할 순 있지만 없애 버릴 순 없다. 노동계급이 없으면 자본주의는 이윤을 생산할 수 없기 때문이다.

역사적으로 노동자들은 자신들의 이런 고유한 힘을 이용해 투쟁에 나섰다. 노동자들의 노동이 없으면 기차나 버스도 움직일 수 없고, 건물을 짓거나 물건을 옮길 수도 없으며, 신문도 인쇄될 수 없고 방송도 방영될 수 없다. 자본주의는 역사상 가장 강력한 피억압 계급을 만들어 낸 것이다.

노동자들의 손에서 사회의 대부분의 것이 만들어지고 운영되기 때문에 노동자의 안전은 사회 전체의 안전과도 긴밀하게 결부돼 있다.

예컨대 공공기관을 민영화하고 노동자들 사이의 경쟁 압력이 커지면 노동자들은 성과를 내야 한다는 압력에 노출돼 안전에 충분한 신경을 쏟지 못하게 된다. 2005년 4월 서일본 여객철도가 탈선해 승객 106명과 기관사 1명이 사망하는 참사가 벌어졌는데 민영화된 철도 회사들 간의 경쟁이 정시 도착을 위한 과속을 부추겼기 때문이다.

세월호 참사 이후 민주노총은 "이윤보다 생명을, 효율보다 안전을 지키는 총파업을 벌이는 것이 노동자의 방식으로 세월호를 기억하는 방법"이라고 말했다.

실제로 세월호 참사와 자신들의 고유한 문제를 연결해 싸움에 나선 노동자들이 있었다.

언론 노동자들은 세월호 보도에 대한 정권의 외압과 왜곡 보도에 맞서 파업에 나섰다. 건설 노동자들은 현장의 안전사고 문제를 걸고 투쟁에 나섰다. 전교조의 교사 노동자들은 징계 협박 속에서도 박근혜 정권 퇴진을 촉구하는 시국 선언에 나섰다. 보건의료노조는 2014년 7월 의료 민영화 저지 파업에 나서면서 세월호 특별법 제정도 함께 요구로 걸었다. 보건의료노조의 투쟁은 큰 사회적 지지를 받았다. 하루 만에 의료 민영화 반대 서명에 60만 명이 넘게 동참했다.

이러한 조직 노동계급의 투쟁은 세월호 참사 항의 운동에 힘을 싣는 동시에 제2, 제3의 세월호 참사를 막고 안전 사회를 건설하기 위한 투쟁이었다.

세월호 참사 항의 운동은 '돈보다 사람'이라는 노동운동의 오랜 요구와 맞닿아 있다. 노동자 투쟁과 세월호 참사 항의 운동이 만나는 것은 완전히 정당할 뿐 아니라, 안전한 사회를 건설하기 위해 꼭 필요하다.

맺으며:
세월호 이전과 이후가 정말로 달라지려면

희생된 단원고 학생 상당수는 시화·반월 공단에서 일하는 노동계급 가정의 자녀였다.

수학여행 가기 전에 신발 하나 사 달라는 거 사 줄 걸. 가방만 하나 사 줬더니 "엄마, 가방이 너무 비싸네? 신발은 갔다 와서 살게" 하는 아들한테 "그래, 새 신발 신고 돌아다니면 발 아플 거야" 그러면서 신발도 안 사 주고 보냈어요. 이 어리석고 답답한 엄마 … 진도에서 엄마들끼리 수학여행 보내면서 용돈을 얼마 줬는지 서로 물어봤어요. 대부분 10만 원씩 줬다는데 저는 2만 원밖에 못 줘, 미안해서 울었습니다. 그런데 현탁이를 찾았을 때 지갑에 2만 원이 그냥 있었습니다. "제주도는 물도 맛있으니까 맛있는 것 많이 사 먹어" 했는데 그 적은 용돈도 못 쓰고 갔습니다.

많은 부모들이 잔업·철야·휴일 특근 때문에 아이와 함께 보낸 시간이 적었다고, 일하느라 아이의 마지막 전화를 받지 못했다고, 사고 소식을 듣고도 회사 일은 마치고 가야 하는 줄 알았다고 가슴을 쳤다.

전前 세월호 항해사는 진도해상교통관제센터와 교신하는 채널은 끄고 운항하는 것이 관례라고 말했다. 사고가 나더라도 구조보다 회사의 책임을 피하는 것을 우선시한 결과다. 이런 일은 육지에서도 수시로 일어난다. 어떤 건설 현장에서는 노동자가 다쳐도 사장이 산재 보고를 피하려고 소방구급대가 아니라 업체 트럭으로 노동자들을 병원에 옮기다 사망하는 일이 벌어졌다. 지금도 한국의 노동자들은 3시간에 1명씩 죽고 5분에 1명씩 다친다.

전 국민을 두려움에 떨게 한 메르스가 맹위를 떨칠 때, 정부는 군중이 모이는 장소에 외출을 자제하라 했다. 그러나 그건 대다수 국민에게 불가능한 일이었다. 수많은 사람들이 두려움에 떨며 출퇴근 버스와 지하철에 몸을 맡길 수밖에 없었다.

지금 이 순간에도 안전성 문제가 제기되고 있는 제2롯데월드는 벽과 바닥에 굵직한 금이 가고, 하루가 멀다 하고 줄어드는 석촌호수의 물이 스며들어 주변 도로에 구멍이 뻥뻥 뚫려도, 그 참사의 '지뢰밭'을 지나 사람들은 출근을 한다. 두려움에 떨면서도 '오늘은 아닐 거야, 나는 아닐 거야' 하고 최면을 건다. 위험을 알아도 어쩔 수 없다.

위험을 아예 알 수 없는 경우도 태반이다. 삼성전자와 그 협력사에서 일하다 백혈병, 뇌종양 등 중증질환에 걸린 노동자가 (알려진 것만) 193명, 사망자도 무려 73명이나 된다. 그런데 삼성은 그동안 피해 노동자들에게 현장에서 사용하는 화학물질의 이름조차 '영업 비밀'이라며 숨겨 왔다. 노동자들은 화학물질의 정체도 모른 채 점차 죽어 갔다.

자본주의에서 노동하는 사람의 목숨 '값'은 이 정도밖에 안 된다.

참사는 과거가 아니다. 이 세계 곳곳에서, 매 순간 또 다른 '세월호'를 잉태하고 있는 이 위험천만한 체제를 멈추지 않으면 재앙은 또다시 반복될 것이다.

세월호 참사의 주범들이 지키고자 하는, 이 미친 체제의 논리에 도전장을 내밀어야 한다. 그 체제의 질서를 지키고자 하는 국가에 맞서서도 싸움을 지속해야 한다.

우리의 생명과 안전을 우리 손으로 직접 결정할 수 있는 사회를 만들자. 그것이야말로 304명의 희생을 헛되게 하지 않을 수 있는 방법이다.

부록

3판 머리말

이번 개정증보판에서는 참사를 낳은 체제의 근본 성격을 좀 더 자세히 다뤘다.

하나는 다른 무엇보다 이윤을 중시하는 자본주의의 동역학이다. 다른 하나는 그런 자본주의의 동역학으로부터 결코 자유로울 수 없는 국가다. 특히 세월호 참사를 보면서 수많은 사람들이 던진 질문 "국가란 무엇인가?"에 답하기 위해, 마르크스주의에 기초해 사회계약론이나 "모두를 위한 국익" 등 국가에 대한 '상식'을 비판적으로 살펴봤다.

마지막으로 박근혜 구속과 세월호 인양이라는 최신 상황을 반영해 세월호 참사 항의 운동이 나아갈 방향이 무엇이어야 할지 다뤘다. 또, 정권 교체 가능성이 높은 지금, 과거 김대중·노무현 정부 시절의 참사들을 돌아보고 정권 교체 이후를 전망해 봤다.

문재인은 3월 7일 "의료 규제를 완화하면서 공공성도 지킬 것"이라고 말했다. 그런데 12일에는 문재인 캠프가 영입한 김상조 교수가 서비스산업발전기본법 지지를 선언했다. 서비스산업발전기본법에는 의료 민영화가 포함돼 있다.

안철수는 11일 "환경과 안전 관련 규제를 강화해야 한다"고 말했지만 같은 날 규제프리존법을 통과시켜야 한다고 말했다. 규제프리존법은 의료 민영화에 대한 반발 등으로 서비스산업발전기본법 추진이 난항을 겪자 박근혜 정부가 내놓은 우회로였다.

이들 중 누가 다음 대통령이 되더라도, 차기 정부는 경제 위기에 처한 자본가들이 가하는 압박과 대중의 '적폐 청산' 염원 사이에서 시험대에 오를 것이다.

박근혜를 끌어내리고 세월호를 인양하게 만든 대중투쟁이 계속해서 중요한 이유다.

2017년 4월 13일

2판 머리말

박근혜 정권 퇴진 촛불의 열기 속에서, 세월호에 대한 사람들의 관심도 계속 뜨거워지고 있다. 그것을 보여 주듯 이 부족한 소책자가 지난 1월 7일 집회에서만 수백 권이 팔려 2판을 찍게 됐다. 2판에서는 오탈자를 고치고 표현을 일부 다듬었다. 글 교정에 도움을 주신 조승희 동지께 고마움을 전한다.

2017년 1월 12일

1판 머리말

"이제 4월은 내게 옛날의 4월이 아니다. 이제 바다는 내게 지난 날의 바다가 아니다."(도종환 시 〈화인〉 중)

세월호가 침몰한 날, 304명의 생명들이 억울하게 우리 곁을 떠난 날, 정의와 진실이 깜깜한 바닷속으로 가라앉아 버린 그 날. 2014년 4월 16일을 어떻게 잊을 수 있을까?

모두가 그런 마음이었나 보다. 지난해 연말, 박근혜 정권 퇴진 촛불이 광화문을 가득히 밝힐 때마다, 사람들은 그동안 가슴에 품어 온 세월호에 대한 기억을 촛불과 함께 가지고 나왔다. 세월호 참사는 박근혜 정권이 퇴진해야 할 단연 첫 번째 사유였다.

반면 박근혜는 '세월호 7시간'에 대해 기억이 안 난다더니, 며칠 후엔 기자들을 불러다 놓고 이렇게 말했다. "[세월호 참사가] 작년인가, 재작년인가요? … 거기서 [119나 해경이] 제일 잘 알아서 하겠죠. 그러나 대통령으로서는 … 제 할 것은 다 했다고 생각하는데."

고故 김관홍 민간 잠수사가 세월호 특별조사위원회 청문회에서 쏟아 낸 울분이 떠올랐다. "고위 공무원들한테 묻겠습니다. 저희는 그 당시 생각이 다 나요. 잊을 수 없고 뼈에 사무치는데, 사회 지도층이신 고위 공무원께서는 왜 모르고 왜 기억이 안 나는지, 저보다 훌륭하신 분들이 왜 … !"

이 소책자는 세월호 참사 1000일을 기해 썼다. 달력이 수십 번 넘어가는 긴 시간 동안 포기 없이, 후퇴 없이 싸워 온 세월호 유가족들이 있었기에 우리 모두 여기까지 올 수 있었다.

박근혜 탄핵안이 가결된 뒤에도 수십 만의 촛불이 매주 토요일마다 광화문에 모이고 있다. 사람들은 박근혜의 즉각 퇴진과 구속을 원하고 있다. 세월호 운동은 박근혜의 처벌뿐 아니라 참사 당시 해경청장 김석균, 목포해경청장 김문홍, 청와대 국가안보실장 김장수, 세월호 수사에 외압 넣은 황교안, 정부 책임 은폐를 위해 정치 공작을 벌인 김기춘, 해경 압수수색을 가로막은 우병우 모두 같이 구속하고 처벌하도록 요구하면서 싸워 나가야 한다.

이 소책자의 인쇄를 넘기려는 지금, 가습기 살균제 제조·판매를 이끌었던 전 옥시레킷벤키저(옥시) 대표 존 리에게 무죄가 선고됐다는 소식이 들린다. 우리의 투쟁을 멈출 수 없는 이유다.

부디 이 소책자가 독자들에게 그런 투쟁의 힘과 자신감을 불어넣는 데 도움이 되길 바란다.

마지막으로 부족한 필자의 초고를 읽고 도움을 주신 김문성, 김지윤, 최영준 동지, 그리고 바쁜 시간을 쪼개 글 교정을 봐주신 차승일 동지께 감사를 전한다. 이 네 동지가 〈노동자연대〉에 기고해 온 세월호 참사 관련 기사들이 소책자의 뼈대가 됐다.

또 노동자연대 학생그룹의 소책자 《세월호 참사, 무엇을 기억하고 무엇을 할 것인가: 마르크스주의적 분석》(2014)도 일부분 활용했는데, 이 소책자를 나와 공저한 박한솔, 양효영 동지에게도 고마움을 전한다.

2017년 1월 7일

더 읽을거리와 참고 문헌

_ 그날을 돌아보다

《세월호, 그날의 기록》, 진실의 힘 세월호 기록팀, 진실의힘, 2016.
《세월호를 기록하다》, 오준호, 미지북스, 2015.
《416세월호 민변의 기록》, 민주사회를 위한 변호사모임, 생각의길, 2014.
《신자유주의와 세월호 이후 가야 할 나라》, 민주화를위한전국교수협의회 엮음, 앨피, 2016.
《내릴 수 없는 배: 세월호로 드러난 부끄러운 대한민국을 말하다》, 우석훈, 웅진지식하우스, 2014.

_ 누구를 위한 국가인가

《재난을 묻다》, 416세월호참사 작가기록단, 서해문집, 2017.
《외면하고 회피했다: 세월호 책임 주체들》, 세월호특조위 조사관 모임, 북콤마, 2017.

《비보호 좌회전》, 강은주, 동녘, 2015.
《가습기살균제 리포트: 위험사회 한국, 지금 내 가족은 안전한가》, 이규연 외, 중앙Books, 2016.
《대형사고는 어떻게 반복되는가》, 박상은, 사회운동, 2015.
《체르노빌의 목소리》, 스베틀라나 알렉시예비치, 새잎, 2011.

_ 마르크스주의적 관점에서 본 자본주의 국가

《자본주의 국가: 마르크스주의의 관점》, 최일붕 편저, 책갈피, 2015.
《사회주의란 무엇인가?》, 존 몰리뉴, 책갈피, 2013.
《공산당선언》, 카를 마르크스, 프리드리히 엥겔스, 책세상, 2002.
《가족 사유재산 국가의 기원》, 프리드리히 엥겔스, 도서출판아침, 2005.